EDITIONS USBORNE

LE MONDE MEDIEVAL

Jane Bingham

Maquette : Susie McCaffrey, Melissa Alaverdy,
Linda Penny et Robin Farrow

Expert-conseil en histoire : Anne Millard

Illustrations : la société Inklink Firenze,
ainsi que Giacinto Gaudenzi, Nicholas Hewetson,
Lorenzo Cecchi, Ian Jackson, Justine Torode et David Cuzik
Cartographie : Jeremy Gower

Avec la collaboration de Gerald Wood, Jeremy Gower, Peter Dennis, Stephen Conlin,
Ross Watton, Richard Draper, Simon Roulstone, John Fox, Joseph McEwan,
Cecco Mariniello, Sue Stitt et Jason Lewis

Rédaction : Fiona Chandler   Iconographie : Cathy Lowe
Directrice de la collection : Jane Chisholm   Maquette de la collection : Mary Cartwright

Pour l'édition française :
Traduction : Nathalie Chaput
Rédaction : Renée Chaspoul et Nick Stellmacher

Sommaire

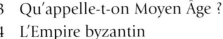

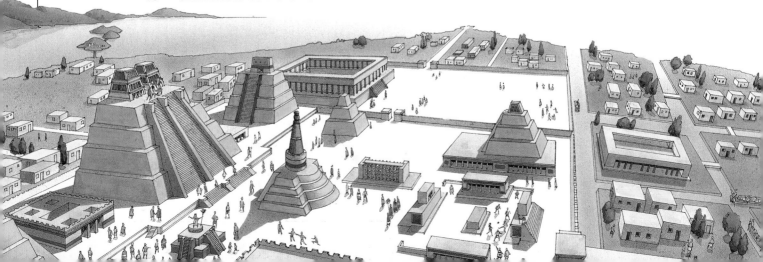

Qu'appelle-t-on Moyen Âge ?

Ce livre retrace la longue période de l'Histoire du monde allant environ de l'an 500 à l'an 1500 que l'on appelle le Moyen Âge.

Artisans au Moyen Âge

Comment savons-nous tout cela ?

Les gens du Moyen Âge ont laissé derrière eux beaucoup de preuves de leur vie quotidienne.

La cathédrale de l'Annonciation, l'un des bâtiments médiévaux de Moscou (Russie)

De nombreux bâtiments et objets sont parvenus jusqu'à nous. En étudiant les lieux et les biens de l'époque, il est possible de reconstituer fidèlement la vie au Moyen Âge.

La chronologie

Pour aider le lecteur à se situer au long de cette période, le bas de chaque double page est parcouru par un indicateur chronologique.

Les événements marquants accompagnés de leurs dates sont signalés dans des encadrés. La lettre « v. », abréviation de « vers », précédant une date indique que celle-ci est approximative.

Parfois, les siècles sont mentionnés. Ainsi, le VIe siècle débute en l'an 501 et s'achève en l'an 600, le VIIe siècle va de l'an 601 à l'an 700, et ainsi de suite.

Les lieux

Tout le long du livre, des cartes permettent de situer les faits. Tu peux également te reporter au bas de chaque page pour savoir à quelle partie du monde l'on se réfère. L'illustration ci-dessous représente les différentes parties du monde.

Seigneur anglais représenté sur un vitrail

Les habitants ainsi que les faits marquants du Moyen Âge ont souvent été représentés sur des peintures, des sculptures, des mosaïques, des tapisseries et des vitraux (à gauche). Cet art médiéval regorge aussi de fascinants détails sur la vie quotidienne d'alors.

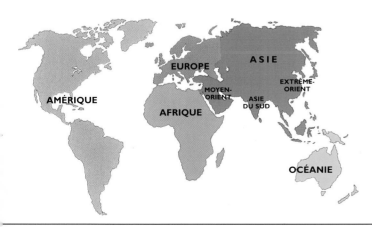

C'est au Moyen Âge, dans divers lieux, que l'on se met à écrire à la main des livres, appelés manuscrits. Certains auteurs, les chroniqueurs, consignent par écrit les faits dans l'ordre de leur déroulement, d'autres rédigent des histoires réelles. Les explorateurs relatent leurs voyages, les inventeurs exposent leurs idées et les marchands notent tout ce qu'ils vendent et achètent.

3

L'Empire byzantin

En l'an 400 de notre ère, l'Empire romain est divisé en deux. Sa partie occidentale, attaquée par des tribus belliqueuses, s'effondre en 476. Sa partie orientale résiste encore mille ans. On l'appelle Empire byzantin car sa capitale, Constantinople, se nommait à l'origine Byzance.

L'Empire byzantin

ESPAGNE

Rome • ITALIE

GRÈCE

Constantinople

MER MÉDITERRANÉE

AFRIQUE DU NORD

☐ L'Empire byzantin au début du règne de Justinien

■ Territoires conquis par Justinien

Mosaïque représentant Justinien, l'empereur de Byzance

★

L'empire de Justinien

Au VIᵉ siècle, l'empereur byzantin Justinien Iᵉʳ réussit à reprendre de nombreux territoires qui faisaient autrefois partie de l'ancien Empire romain. C'est sous son règne que l'Empire byzantin connaît son apogée.

Palais de Justinien, à Constantinople

La gestion de l'empire

Justinien rêve de bâtir un grand empire chrétien. Avec son épouse, Théodora, ils instaurent de nouvelles lois et font construire de nombreuses églises. Leur palais est visité par des prêtres, des artistes et des marchands.

L'empereur Justinien

L'impératrice Théodora

Canal

Prêtre

Courtisane

Des marchands venus d'Afrique du Nord visitent la cour de Justinien.

Des visiteurs se prosternent devant l'empereur.

Garde

L'art byzantin

Les artistes byzantins sont
réputés pour leurs délicates
broderies et leurs sculptures
en ivoire. Ils créent aussi
d'immenses mosaïques
aux couleurs vives et
des peintures à sujet
religieux, les icônes.

Broderie en soie

Icône de
la Vierge
Marie et
l'Enfant

Un empire bien défendu

Les Byzantins doivent livrer
d'incessantes batailles contre les
musulmans arabes et turcs. Ils
sont menacés par des tribus
venues du Nord et doivent
combattre les croisés d'Europe
occidentale, qui sont pourtant
leurs alliés (voir page 43).

La fin de l'empire

À la mort de Justinien, l'empire se
réduit peu à peu. En 1400, il ne
reste plus que le territoire autour
de Constantinople. En 1453, les
Turcs ottomans attaquent la ville.
Elle résiste pendant six semaines,
puis doit finalement capituler :
l'Empire byzantin s'effondre.

La dernière attaque des
Ottomans, à Constantinople

*Les soldats byzantins sont
affaiblis et épuisés.*

Le schisme religieux

Les églises fréquentées par les
chrétiens de l'Empire byzantin
possèdent leur style architectural
propre. Les services religieux y sont
célébrés en grec et non pas en latin.
L'Église byzantine est dirigée par
le patriarche de Constantinople.

La cathédrale Sainte-Sophie, à
Constantinople, a été bâtie sous Justinien.
Plus tard, elle sera transformée en mosquée.

Après bien des querelles religieuses
entre le patriarche et le pape (chef
élu de l'Église catholique romaine
en Occident), les deux Églises
finissent par se séparer.

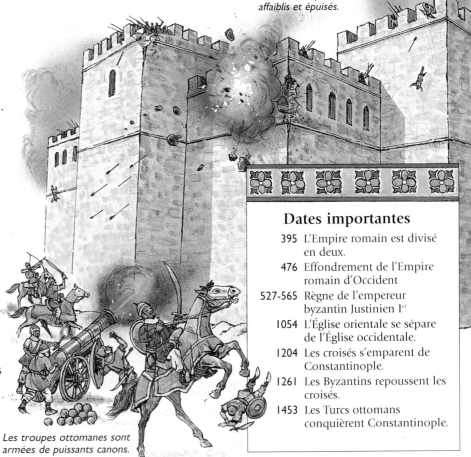

*Les troupes ottomanes sont
armées de puissants canons.*

Dates importantes

395	L'Empire romain est divisé en deux.
476	Effondrement de l'Empire romain d'Occident
527-565	Règne de l'empereur byzantin Justinien Ier
1054	L'Église orientale se sépare de l'Église occidentale.
1204	Les croisés s'emparent de Constantinople.
1261	Les Byzantins repoussent les croisés.
1453	Les Turcs ottomans conquièrent Constantinople.

EUROPE

1100	1200	1300	1400	1500

Les royaumes barbares

Les Romains avaient d'abord utilisé le mot de Barbares pour désigner les tribus belliqueuses extérieures à leur empire qui venaient du Nord-Est pour les envahir. Les Barbares ont déferlé sur l'Europe en détruisant l'Empire romain, mais, vers 500, ils créent leurs propres royaumes indépendants.

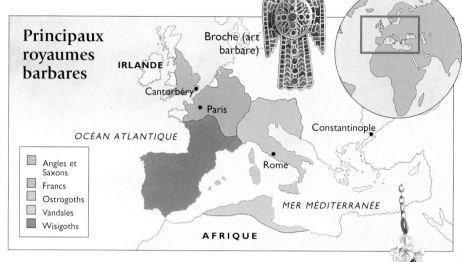

Principaux royaumes barbares

IRLANDE

Cantorbéry

Paris

OCÉAN ATLANTIQUE

Broche (art barbare)

Constantinople

Rome

MER MÉDITERRANÉE

AFRIQUE

- Angles et Saxons
- Francs
- Ostrogoths
- Vandales
- Wisigoths

Envahisseur barbare

Les villages des Barbares

Les Barbares veulent être riches comme les Romains. En réalité, ils détruisent la culture romaine. Comme les Barbares habitent pour la plupart de petits villages agricoles, ils laissent peu à peu les villes romaines tomber en ruine.

Village barbare

Le royaume des Francs

Clovis, le roi des Francs, crée le plus grand royaume barbare. Il fait de Paris sa capitale et instaure une dynastie qui dure 300 ans. C'est Charlemagne qui hérite du royaume de Clovis (voir page 18).

Clovis et la reine Clothilde, d'après un artiste ultérieur

Les trésors des Barbares

Les Barbares savent travailler le métal avec habileté. Ils fabriquent des coupes et des épées ouvragées, de magnifiques couronnes et broches pour leurs rois et leurs chefs.

Couronne wisigothe

Les Barbares partagent leur maison avec les animaux.

Une palissade est érigée pour repousser les ennemis et les animaux sauvages.

Ils tiennent des réunions dans la maison de leur chef.

Dates importantes

429-533	Royaume des Vandales, en Afrique du Nord
v. 450-1066	Angles et Saxons règnent sur une partie de l'Angleterre.
456-711	Royaume des Wisigoths, en Espagne
481-511	Clovis est le roi des Francs.
493-555	Royaume des Ostrogoths, en Italie
v. 500-843	Royaume franc de France et de Germanie

EUROPE

| 500 | 600 | 700 | 800 | 900 |

Le renouveau du christianisme

Un dieu païen

La plupart des Barbares sont des païens, c'est-à-dire des non chrétiens. Partout où ils s'établissent, les églises sont abandonnées. Donc, vers 500, le christianisme a pratiquement disparu des pays d'Europe.

Diffuser le message chrétien

Les chefs spirituels de Rome et de Constantinople décident d'envoyer des moines enseigner la religion chrétienne. Ce sont surtout des moines irlandais qui partent comme missionnaires, car l'Irlande n'a pas été envahie par les Barbares. Peu à peu ceux-ci se convertissent au christianisme ; des monastères et des églises voient le jour dans toute l'Europe.

Missionnaires irlandais

Les moines irlandais érigent des croix sculptées près des monastères.

Augustin et les Angles

Un moine du nom d'Augustin est dépêché par Rome pour enseigner la parole du Christ auprès des Angles du sud-est de l'Angleterre. Des milliers d'entre eux se convertissent, et leur chef, le roi Ethelbert, consacre Augustin premier évêque de Cantorbéry.

Les moines et les manuscrits

Pour la plupart, les Barbares ne savent ni lire ni écrire, mais les moines s'efforcent de ne pas laisser mourir leur enseignement. Ils conservent les livres saints dans les monastères et en font de magnifiques copies. Rédigées à la main, d'où leur nom de manuscrits, elles sont souvent somptueusement illustrées, ou enluminées.

★

Moines travaillant à un manuscrit

Cette illustration est tirée d'un manuscrit, le Livre de Kells.

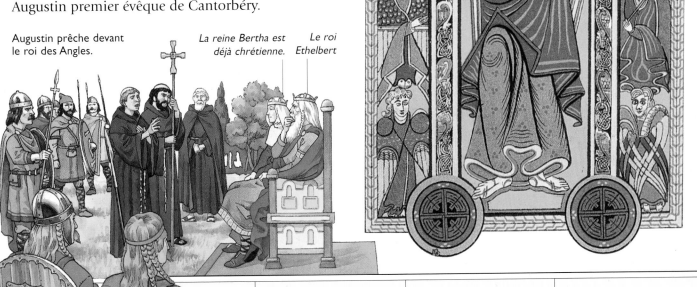

Augustin prêche devant le roi des Angles.

La reine Bertha est déjà chrétienne.

Le roi Ethelbert

1200   1300   1400   1500

La montée de l'islam

En 610, un homme, Mahomet, prêche une nouvelle religion en Arabie. On la nomme islam ; ceux qui suivent l'islam sont appelés musulmans.

L'Arabie au temps de Mahomet

Le message de Mahomet

Mahomet dit que l'homme doit obéir à Allah, l'unique Dieu. Il enseigne aux musulmans à prier cinq fois par jour, à donner aux pauvres et à ne pas manger ni boire du lever au coucher du soleil pendant le neuvième mois, dit ramadan.

Musulmans en pèlerinage

Mahomet dit aussi que tout bon musulman doit aller en pèlerinage (voyage religieux) à La Mecque, la ville sainte de l'islam.

Les mosquées

Les musulmans prient dans de magnifiques édifices appelés mosquées. Du haut d'un minaret (une tour), un homme, le muezzin, les appelle à la prière. Les images qui représentent des animaux ou des hommes sont interdites dans les mosquées. À la place, elles sont décorées de mosaïques.

Cette illustration représente des musulmans qui prient dans la cour de la mosquée.

On appelle ces tours des minarets.

Voici le mihrab (la niche). Il indique la direction de La Mecque.

Le croissant est un symbole de l'islam.

Le minbar est une chaire du haut de laquelle prêche le chef religieux, ou imam.

Avant de prier, les musulmans doivent faire leurs ablutions dans ce bassin.

Pour prier, le croyant s'agenouille sur un tapis et fait face à La Mecque.

Voici la cour intérieure de la mosquée

Le Coran

Les musulmans croient que la parole d'Allah a été transmise à Mahomet et que ses disciples l'ont transcrite dans un livre sacré, le Coran.

Pages enluminées du Coran

L'expansion de l'islam

Au début, Mahomet prêche dans La Mecque, mais les riches marchands mecquois le poussent à quitter la ville et, en 622, il s'exile à Médine. En 624, une armée mecquoise y attaque les musulmans. Mahomet et ses disciples combattent avec bravoure et gagnent la bataille d'al Badr. Après cette victoire, en Arabie, beaucoup se convertissent à l'islam.

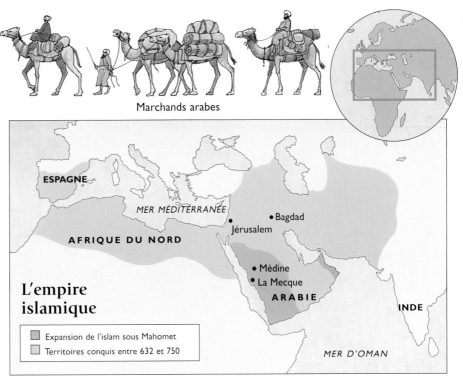

Marchands arabes

Scène tirée de la bataille d'al Badr

L'empire islamique

ESPAGNE

MER MÉDITERRANÉE

AFRIQUE DU NORD

• Bagdad
Jérusalem

• Médine
• La Mecque

ARABIE

INDE

MER D'OMAN

■ Expansion de l'islam sous Mahomet
■ Territoires conquis entre 632 et 750

Les califes conquérants

À la mort de Mahomet, en 632, les musulmans sont gouvernés par des chefs successifs, les califes. Ce sont des fidèles de Mahomet qui mènent de nombreuses batailles au nom de leur religion. En 750, ils ont réussi à bâtir un vaste empire islamique, qui s'étend du nord de l'Inde à l'Espagne.

L'armée d'un calife en pleine bataille

Les mosquées

Sur tous les territoires que les califes ont conquis, ils ont bâti des mosquées pour que les fidèles puissent y prier. À Jérusalem, en Israël, le Dôme du Rocher a été érigé 50 ans après la conquête de la ville par les Arabes.

Le Dôme du Rocher, à Jérusalem

Le dôme se dresse à l'intérieur de la mosquée Al-Aqsa.

Marchands et cités

L'islam est une religion qui se propage autant grâce aux soldats qu'aux marchands arabes. Ceux-ci voyagent à travers l'empire et au-delà : sur les lieux de rencontre, de nouvelles cités voient le jour.

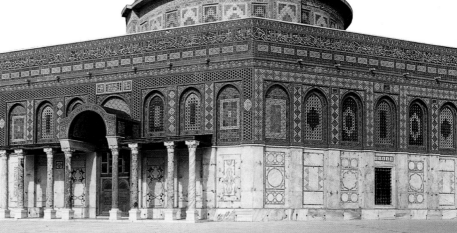

MOYEN-ORIENT

1100   1200   1300   1400   1500

La civilisation arabe

En 750, les chefs de l'empire islamique (voir carte page 9), ou califes, sont issus de la dynastie arabe des Abbassides. Cet empire est uni par une religion commune, l'islam, et une langue parlée par le plus grand nombre, l'arabe.

La prospérité

Les califes abbassides collectent des impôts dans tout l'empire. Ils en tirent une richesse fabuleuse et vivent dans le luxe, en leur palais de Bagdad (Iraq actuel).

Calife qui se fait masser.

L'éducation

Les Arabes sont désireux d'apprendre des autres peuples. Ils collectionnent des livres du monde entier et les conservent dans des bibliothèques. Les érudits arabes étudient l'œuvre des savants grecs, perses, indiens et chinois, qu'ils traduisent dans leur langue. Ils écrivent aussi de nombreux ouvrages et enseignent leur savoir dans des universités.

Un lettré enseigne son savoir aux étudiants.

La vie en ville

Les cités arabes sont actives et surpeuplées, mais très bien organisées. On prie et on étudie dans les mosquées. On fait ses ablutions dans des thermes publics. Les rues sont des lieux de marchés, appelés souks.

Rue dans une ville arabe

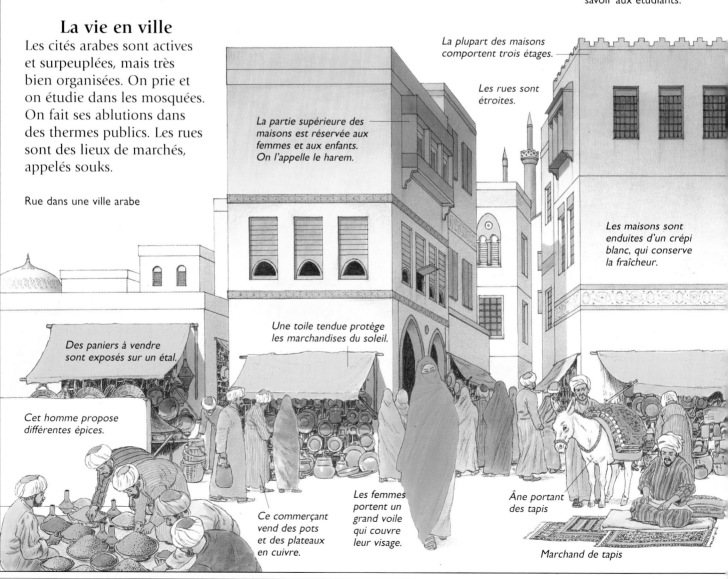

La plupart des maisons comportent trois étages.

Les rues sont étroites.

La partie supérieure des maisons est réservée aux femmes et aux enfants. On l'appelle le harem.

Les maisons sont enduites d'un crépi blanc, qui conserve la fraîcheur.

Une toile tendue protège les marchandises du soleil.

Des paniers à vendre sont exposés sur un étal.

Cet homme propose différentes épices.

Ce commerçant vend des pots et des plateaux en cuivre.

Les femmes portent un grand voile qui couvre leur visage.

Âne portant des tapis

Marchand de tapis

500   600   700   800   900

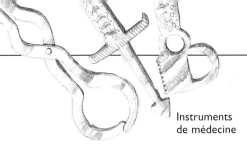

Instruments de médecine

La médecine et la science

Les docteurs étudient les maladies et pratiquent des opérations délicates. On découvre la fabrication de l'acier et la production de médicaments à partir de substances chimiques.

Horloge à eau

Toutes les demi-heures, l'oiseau se met à siffler.

Le faucon lâche une balle dans la gueule du dragon.

La balle parcourt le corps du dragon avant de tomber dans l'éléphant.

Le cornac frappe sur le tambour.

Les inventeurs construisent d'étonnantes horloges et les ingénieurs conçoivent des machines perfectionnées pour irriguer les champs.

Cet homme désire acheter de la soie.

Navigation et exploration

Les marchands arabes naviguent vers la Chine, l'Afrique et l'Inde. Les explorateurs se lancent aussi dans de longues expéditions. Tous se fient aux instruments pour se repérer.

Ce marin se sert d'un instrument appelé alKemal.

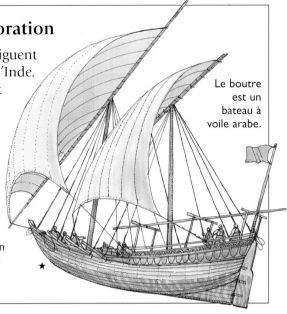

Le boutre est un bateau à voile arabe.

L'astronomie

Des astronomes étudient le ciel nocturne et en établissent les premières cartes. Elles aident les explorateurs à se repérer à travers les océans et les déserts.

Astronomes en plein travail

Les chiffres arabes

Les Arabes savent écrire les chiffres, et même le zéro, d'une manière simple rapportée de l'Inde voisine. Jusqu'à présent, on utilisait surtout les chiffres romains. Ils sont compliqués et le zéro n'existe pas. Aujourd'hui, nos chiffres proviennent des chiffres arabes.

0 1 2 3 4 5 6 7 8 9

Chiffres arabes

Le déclin de l'empire arabe

Les califes abbassides se nomment les chefs suprêmes du monde islamique, pourtant, à la fin du VIIIe siècle, leur empire se divise. Des royaumes indépendants naissent en Espagne, en Égypte ainsi qu'en Inde, et des querelles religieuses morcellent l'empire.

En 1055, une armée de Turcs s'empare de la ville de Bagdad. Les califes demeurent sous domination turque jusqu'en 1258, quand une armée de Mongols envahit à son tour Bagdad et tue le dernier calife.

Dates importantes

v. 570-632	Vie de Mahomet en Arabie. Presque toute l'Arabie se convertit à l'islam.
632-850	Les premiers califes créent un vaste empire islamique.
750-1258	Les califes abbassides règnent sur l'empire islamique.
1055	Les Turcs contrôlent les califes.
1258	Les Mongols prennent Bagdad. C'est la fin de l'empire islamique.

MOYEN-ORIENT

| 1100 | 1200 | 1300 | 1400 | 1500 |

Les Vikings chez eux

Les Vikings sont originaires de Suède, de Norvège et du Danemark (voir carte page 14). Le mot Viking viendrait de « pirate ». Il faut dire qu'ils sont des explorateurs intrépides et des guerriers redoutables. Chez eux, ils se consacrent à la pêche, à l'agriculture et à l'artisanat.

Fermier viking qui sème du grain.

La vie dans les fermes

De nombreux Vikings sont fermiers. Ils font pousser céréales et légumes, et élèvent vaches, cochons, poulets et chèvres. Ils chassent aussi les animaux sauvages.

L'artisanat

Ils travaillent avec art le métal et sont d'habiles sculpteurs. Leurs armes sont perfectionnées et leurs colliers superbes.

Pièce d'échecs vikings

★

Une habitation viking

Toit de chaume

Coffre pour ranger les vêtements

Le chef et sa femme dorment dans ce lit.

Trou pour la fumée

Tapisserie murale

Cette femme tisse sur un métier.

Charpente de bois

L'encadrement de la porte d'entrée est sculpté.

Cet homme apporte du bois pour entretenir le feu.

En hiver, certains animaux domestiques restent à l'intérieur.

Toilettes

★ Ce plan en coupe d'une maison viking permet de voir l'intérieur.

Les murs sont faits de rondins de bois.

En général, les Vikings vivent dans une maison commune, la longue maison. Elle appartient à un chef, et toutes les familles qui travaillent pour lui y mangent et y dorment.

Ce jeune garçon s'occupe des cochons.

500   600   700   800   900

La mort et les funérailles

Les Vikings enterrent leurs morts avec de la nourriture et des trésors pour les accompagner dans l'au-delà. Parfois, un valeureux guerrier repose dans son navire auquel on met le feu. Les Vikings croient qu'il rejoint le Walhalla, une sorte de paradis réservé aux guerriers morts au combat.

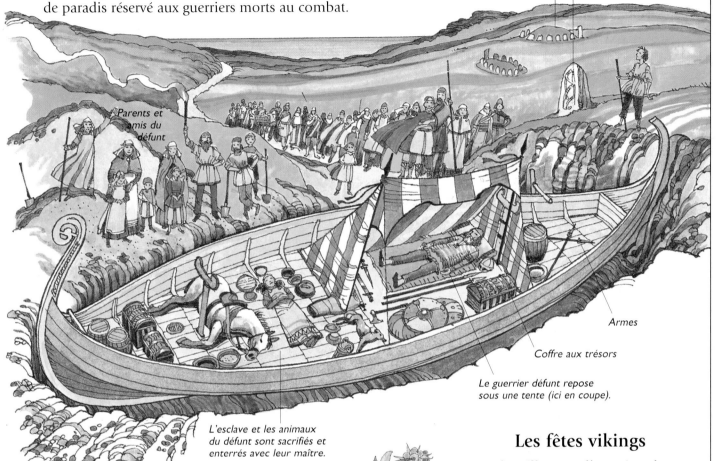

Enterrement d'un guerrier viking dans son navire

Cercle de pierres qui rappelle la forme d'un bateau et marque l'emplacement d'une tombe.

Stèle funéraire portant des inscriptions runiques

Parents et amis du défunt

Armes

Coffre aux trésors

Le guerrier défunt repose sous une tente (ici en coupe).

L'esclave et les animaux du défunt sont sacrifiés et enterrés avec leur maître.

Le Walhalla

Pour les Vikings, tout guerrier mort au combat va au Walhalla, la demeure d'Odin, dieu principal ; là, il guerroie tout le jour et festoie toute la nuit en compagnie de belles jeunes filles, les Walkyries.

Une fête au Walhalla

Walkyrie

Guerrier mort au combat

Odin, le dieu principal des Vikings, à l'entrée du Walhalla

Les fêtes vikings

Les batailles sont l'occasion de fêtes mémorables. Des musiciens jouent de la harpe et de la flûte, et des poètes, les scaldes, récitent de longs poèmes vantant les valeureux exploits des guerriers.

Une fête viking

Un scalde (poète)

1100	1200	1300	1400	1500

Les raids vikings

Drakkar

Patrie des Vikings
Colonies vikings
Expéditions vikings

GROENLAND

ISLANDE

NORVÈGE
SUÈDE
FINLANDE

DANEMARK

IRLANDE

ANGLETERRE

TERRE
NEUVE

OCÉAN ATLANTIQUE

FRANCE

Indiens d'Amérique

ESPAGNE

ITALIE

Les colonies vikings

AFRIQUE
DU NORD

Marchands
arabes

Bagdad •

Les terres fertiles font cruellement défaut aux Vikings qui décident, vers 790, de partir explorer d'autres parties du monde. Ils pillent alors les côtes européennes, s'aventurent sur de nouveaux territoires, font du commerce et vont s'établir loin de chez eux.

Les pillards

Pendant plus de 300 ans, les Vikings terrorisent ainsi les populations d'Europe. Des guerriers à l'allure redoutable débarquent de navires rapides, les drakkars, et se frayent un chemin à travers les villes et les villages, qu'ils dévastent.

★
Guerrier
viking

Village pillé par les Vikings. Une partie de l'église a été découpée pour mieux voir l'intérieur.

Ils envahissent de vastes territoires en Angleterre, Écosse, Irlande, France et Italie. Plus tard, certains s'y établiront.

Les pillards dévalisent les églises et les habitations.

Vers 1100, les pillages cessent. À cette époque, beaucoup de Vikings se sont convertis au christianisme, et ils sont moins violents.

C'est un carnage.

Les explorateurs

Des aventuriers intrépides et des marchands écument mers et fleuves. Quand ils ne peuvent aller plus loin, ils portent leur bateau ou le tirent sur des rondins de bois jusqu'à la prochaine voie navigable.

Explorateurs qui tirent leur navire.

Statue de Leif Ericson

Éric le Rouge explore le Groenland. Son fils, Leif Ericson, s'aventure plus loin à l'Ouest et atteint l'Amérique. La terre qu'il découvre et appelle Vinland est sans doute l'actuelle Terre-Neuve.

Les drakkars sont des bateaux rapides et silencieux.

La vigie s'assure qu'ils peuvent débarquer sans danger.

L'équipage abaisse la voile et rame jusqu'à la plage.

Des pillards s'emparent des animaux et des denrées.

Ils mettent le feu à la grange.

Des guerriers prennent des femmes pour en faire leurs esclaves.

Certains se cachent.

Peu réussissent à leur échapper.

Les marchands

Les Vikings font du commerce jusqu'en Europe et au-delà. Certains s'aventurent même jusqu'à la ville arabe de Bagdad. Les marchands vendent des épées, des fourrures et de l'ivoire (des défenses de morse). En retour, ils achètent soieries, pierres précieuses, sculptures et objets d'orfèvrerie.

Cette statue orientale a été trouvée en terre viking.

Les colons

Des bateaux surchargés de colons vikings arrivent dans les territoires nouvellement conquis.

Dans le nord de la France, on les appelle les Normands (« hommes du Nord »), tandis qu'en Europe de l'Est ce sont les Rus (« les Roux »). Ces pays prennent à leur tour le nom de Normandie et de Russie.

Navire de transport de colons vikings appelé « knorr »

Certains Vikings s'établissent en Islande et au Groenland, d'autres s'installent au Vinland (en Amérique), mais les Indiens attaquent leurs maisons et ils se réfugient au Groenland.

Les Indiens attaquent les Vikings.

Dates importantes

v. 790	Début des pillages vikings
v. 830-900	Attaques éclair fréquentes dans les îles Britanniques et en France
v. 860	Les Vikings s'établissent en Russie.
v. 900-911	Les Vikings s'établissent en Normandie.
v. 983-986	Les Vikings commencent à coloniser le Groenland.
v. 1000	Leif Ericson atteint le nord de l'Amérique.
v. 1100	Fin des pillages vikings

EUROPE

| 1100 | 1200 | 1400 | 1500 |

L'Angleterre anglo-saxonne

Les Saxons débarquent en Bretagne (Angleterre actuelle).

Vers l'an 400, du Danemark et du nord de l'Allemagne déferlent dans la Bretagne d'alors (l'Angleterre actuelle) des tribus d'Angles, de Saxons et de Jutes. Plus tard connues sous la dénomination d'Anglo-Saxons, ces populations appellent le territoire conquis « la terre des Angles » ou Angleterre. Sept royaumes s'y constituent en l'an 600, dirigé chacun par un roi-guerrier.

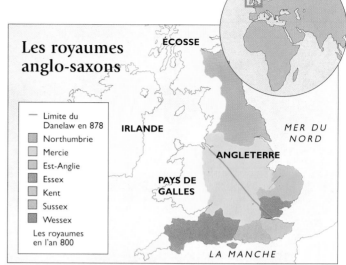

Les royaumes anglo-saxons

ÉCOSSE

IRLANDE

PAYS DE GALLES

ANGLETERRE

MER DU NORD

LA MANCHE

- Limite du Danelaw en 878
- Northumbrie
- Mercie
- Est-Anglie
- Essex
- Kent
- Sussex
- Wessex

Les royaumes en l'an 800

Ceorls, thegns et esclaves

Les rois anglo-saxons règnent sur les nobles (les thegns), les paysans (les ceorls) et les esclaves. Les thegns et les ceorls sont libres, mais ils doivent combattre pour leur roi. Les esclaves appartiennent à leur maître.

Esclave qui sert un thegn lors d'une fête.

La vie dans un village

La majorité des Anglo-Saxons vivent dans des villages, mais certains villages s'agrandissent jusqu'à former des villes. Les hommes travaillent aux champs, vont chasser et pêcher. Les femmes cuisinent, font des vêtements et s'occupent des poules et des cochons. Parmi les villageois, on trouve des potiers, des forgerons et des charpentiers.

Vue partielle d'un village anglo-saxon
★

Enterrés avec leurs trésors

Parfois, les rois anglo-saxons, entourés de tous leurs trésors, sont enterrés dans un navire. On a en effet trouvé des casques, des armes et des bijoux dans des navires-tombes.

Casque trouvé dans un navire-tombe, dans l'Est-Anglie, en Angleterre

Ces femmes tissent et filent la laine.

Abri pour le tissage

Berger

Cet homme utilise un tour à bois pour fabriquer un bol.

Il appuie sur une pédale pour faire tourner le bol à mesure qu'il le façonne.

Forgeron

Contre les Danois

Vers 800, des tribus de Danois (des Vikings venus du Danemark) envahissent l'Angleterre. En 874, ils ont conquis tous les royaumes, sauf le Wessex. Le roi du Wessex, Alfred, repousse les Danois de son royaume et reprend le Sussex, le Kent et la Mercie, qui appartiennent désormais au Wessex.

Le roi Alfred combat un envahisseur danois.

Alfred le Grand

Le roi Alfred du Wessex permet aux Danois de s'établir dans la partie est de l'Angleterre, le Danelaw, tandis qu'il gouverne le reste du pays (voir la carte). Il bâtit des villes fortifiées et se dote d'une flotte. Il fait appliquer des lois justes et encourage l'art, la religion et l'éducation. Il sera connu par la suite sous le nom d'Alfred le Grand.

Bijou ayant sans doute appartenu à Alfred le Grand

Les Anglo-Saxons et les Danois

En 924, le petit-fils d'Alfred le Grand, Athelstan, devient roi de toute l'Angleterre, mais en 1013 les Danois envahissent de nouveau le pays. Il sera gouverné par des rois danois pendant 30 ans avant que les Anglo-Saxons puissent en reprendre le contrôle.

Pièce de monnaie à l'effigie de Cnut le Grand, roi du Danemark et de l'Angleterre

La fin des Anglo-Saxons

Édouard Ier, dit le Confesseur, devient roi d'Angleterre en 1042. Très croyant, il fait reconstruire l'abbaye de Westminster. À sa mort, en 1066, Harold, le comte du Wessex, est couronné roi. Il est bientôt vaincu par les Normands qui conquièrent l'Angleterre (voir page 20).

Édouard le Confesseur ★

Palissade de bois

Toit de chaume

Les maisons sont en planches de bois.

Puits

Poulailler

Un thegn vit dans la grande maison du village où se déroulent des fêtes auxquelles tous les villageois assistent.

Four

Les femmes préparent la soupe dans un chaudron.

Pain

Les musiciens et les jongleurs se préparent pour la fête.

Des esclaves font rôtir un cochon à la broche.

Un oiseleur amène pour la fête les oiseaux qu'il a piégés.

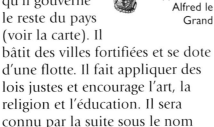

Dates importantes

v. 410-520	Angles, Saxons et Jutes s'établissent en Angleterre.
v. 600	L'Angleterre est divisée en sept royaumes.
867-874	Invasion danoise
871-899	Alfred est couronné roi du Wessex.
924-939	Règne d'Athelstan
1013-1042	L'Angleterre est gouvernée par des rois danois.
1042-1066	Édouard le Confesseur est roi d'Angleterre.
1066	Les Normands conquièrent l'Angleterre.

EUROPE

1100   1200   1300   1400   1500

L'empire de Charlemagne

En 768, un jeune prince prénommé Charles est couronné roi de France. Il hérite la plus grande part de la France d'alors (sur les Francs, voir page 6). Soldat émérite et fervent chrétien, on le connaît sous le nom de Charles le Grand ou Charlemagne (Carolus magnus).

L'empire de Charlemagne

Aix-la-Chapelle

ROYAUME OCCIDENTAL (Francie occidentale)

ROYAUME ORIENTAL (Francie orientale)

ROYAUME CENTRAL (Lotharingie)

■ Territoires hérités par Charlemagne
■ Territoires conquis par Charlemagne
— Limites des royaumes en 843

Vitrail représentant Charlemagne ★

La création de l'empire

Charlemagne désire créer un empire chrétien aussi vaste que l'avait été autrefois celui de Rome. Pendant 30 ans, il annexe des territoires et ordonne que les populations non chrétiennes rejoignent l'Église. Le jour de Noël, en l'an 800, le pape le couronne « empereur des Romains ».

★ Le pape Léon III couronne Charlemagne empereur.

La religion et l'éducation

Charlemagne paie pour faire ériger des églises et des monastères dans tout l'empire. Il encourage les lettrés, les artistes et les artisans à venir travailler à Aix-la-Chapelle, la ville où réside son palais.

Le palais de Charlemagne, à Aix-la-Chapelle

L'après-Charlemagne

À la mort de Charlemagne, l'empire va disparaître rapidement. En l'an 843, il est divisé en trois royaumes, chacun gouverné par un membre de la famille carolingienne. Mais les trois rois se combattent et leurs royaumes déclinent.

Dates importantes

768	Charlemagne devient roi des Francs.
773-804	Charlemagne bâtit un empire.
800-814	Charlemagne est empereur.
843	L'empire de Charlemagne est divisé en trois royaumes.

Le Saint Empire romain

En 900, les trois royaumes hérités de l'empire de Charlemagne sont en danger. Les Vikings ont envahi les royaumes occidental et central, et des tribus de Magyars (de la Hongrie actuelle) attaquent le royaume oriental.

Otton le Grand

En 955, Otton Ier, roi du royaume oriental (partie actuelle de l'Allemagne), combat les Magyars à Lechfeld et sort vainqueur de la bataille. Les Magyars sont alors des païens, des non chrétiens. Le pape, réjoui par cette victoire, couronne lui-même Otton « Saint Empereur romain ».

Le Saint Empire romain

Rome

SICILE

■ Empire de Frédéric II
■ Territoires appartenant au pape

Couronne de l'empereur Otton

Empereurs et papes

À la suite d'Otton, tous les rois germaniques portent le nom de Saint Empereur romain. Avec l'appui de leur évêque, ils dirigent l'empire et se querellent souvent avec les papes, qui, à l'époque, sont très puissants (voir page 34).

La « Merveille du Monde »

L'empereur Frédéric II hérite par sa mère du royaume de Sicile, d'où il dirige l'Allemagne. Connu sous le pseudonyme de « Merveille du Monde », il élève des animaux sauvages et se montre bienveillant envers les astrologues et les lettrés musulmans qu'il reçoit à sa cour.

L'empereur Frédéric II

★

Bataille de Lechfeld
★

Cavalier magyar

Cavalier germanique

Fantassin magyar

Fantassin germanique

Dates importantes

955	Bataille de Lechfeld
962-973	Règne de l'empereur Otton Ier
1220-1250	Règne de Frédéric II
1250-1273	Déclin de l'empire
1273-1291	Règne de l'empereur Rudolf de Habsbourg. Avec lui, une nouvelle dynastie d'empereurs voit le jour.

EUROPE

1100   1200   1300   1400   1500

Les conquêtes normandes

Les Normands sont les descendants des Vikings qui se sont établis en Normandie au cours des années 900. Comme leurs ancêtres, ce sont des marins hardis et des guerriers assoiffés de nouvelles terres.

Navires normands

Les conquêtes normandes

Territoires normands en 1130

OCÉAN ATLANTIQUE

ANGLETERRE

Hastings

NORMANDIE

FRANCE

ITALIE

MER MÉDITERRANÉE

SICILE

L'Angleterre est envahie

Le duc Guillaume de Normandie est persuadé qu'il doit être roi d'Angleterre, suite à la promesse que lui avait faite le roi anglais, Édouard le Confesseur (voir page 17). En 1066, Guillaume vogue vers l'Angleterre et combat le roi Harold d'Angleterre à Hastings. Harold est tué. Les Normands sortent victorieux.

Le roi Harold ★
d'Angleterre

L'Italie et la Sicile

Les Normands envahissent aussi la sud de l'Italie et la Sicile, qu'ils vont diriger pendant les 60 prochaines années. En 1130, c'est un comte normand qui devient roi de Sicile.

Mosaïque représentant Roger II, le premier roi normand de Sicile

Les cavaliers normands chargent les fantassins anglais à la bataille d'Hastings. ★

Diriger l'Angleterre

Guillaume est couronné roi d'Angleterre. Sous son règne, des châteaux forts se dressent dans tout le pays. Il accorde des terres à tous les nobles puissants qui lui promettent obéissance.

Soldats normands devant un château fort

Le roi Guillaume ★
le Conquérant

Dates importantes

1060-1130	Peu à peu, les Normands deviennent maîtres de la Sicile et du sud de l'Italie.
1066	Les Normands envahissent l'Angleterre. Le duc Guillaume est sacré roi.
1130-1204	Les rois normands règnent sur la Sicile.

La guerre de Cent Ans

Après la conquête de l'Angleterre par les Normands, en 1066, les monarchies anglaise et française s'opposent en d'incessantes querelles pour savoir à qui appartient la terre de France. Le plus long conflit est celui de la guerre de Cent Ans, qui commence quand Édouard III, roi d'Angleterre, revendique le trône de France.

Édouard III

Édouard III et le Prince Noir

Édouard et son fils, le Prince Noir, ont remporté la bataille de Crécy, se sont emparés de la ville de Calais et ont capturé le roi de France à Poitiers. En 1360, les Anglais sont ainsi maîtres d'une grande partie du territoire français (voir la carte). Mais dans les prochaines 40 années, ils le perdront.

Le Prince Noir

Territoires sous domination anglaise en 1360
Limites du royaume de France

Henri V

En 1415, le roi d'Angleterre Henri V prend Harfleur et remporte la bataille d'Azincourt. Il prévoit d'être le prochain souverain de France, ce qui déplaît fortement au fils du roi français qui refuse catégoriquement. Les combats reprennent de plus belle.

Les chevaliers français mènent l'attaque.

Les chevaliers français et leurs chevaux tombent, morts ou blessés.

Illustration du début de la bataille d'Azincourt
★

Les archers anglais tirent sur les Français.

Ces pieux de bois protègent les Anglais.

Jeanne d'Arc

En 1429, les Français, menés par une jeune paysanne, Jeanne d'Arc, se rétablissent et chassent les Anglais d'Orléans. Ceux-ci font brûler Jeanne comme sorcière en 1431 mais les Français continuent à avancer. En 1453, la reconquête de Bordeaux marque la fin de la guerre.

Jeanne d'Arc

Dates importantes

1337 Début de la guerre de Cent Ans
1346 Les Anglais sont victorieux à Crécy.
1415 Les Anglais l'emportent à Azincourt.
1429 Jeanne d'Arc libère Orléans des Anglais.
1453 Fin de la guerre de Cent Ans

EUROPE

Rois, nobles et paysans

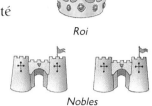

Roi

Nobles

Chevaliers

Paysans

Les quatre grands groupes du système féodal ★

Dans l'Europe médiévale, la société est organisée en quatre groupes distincts. Aujourd'hui, on parle de système féodal (relatif au fief, terre ou revenu accordé par un seigneur à son vassal en échange de sa fidélité).

Le roi

Au sommet du système féodal se trouve le roi. Toutes les terres du pays lui appartiennent. C'est lui qui fait les lois et conduit les armées.

Le sacrement d'un roi

Les nobles

Le roi donne des terres aux nobles qui, en retour, promettent de combattre pour lui et de lui procurer des chevaliers pour son armée.

Un noble promet de servir fidèlement son roi et de lui obéir lors de la cérémonie de l'hommage. ★

Les chevaliers

En contrepartie des services rendus dans les batailles, les nobles accordent des terres aux chevaliers. Les chevaliers s'entraînent au combat afin de servir leur seigneur et leur roi.

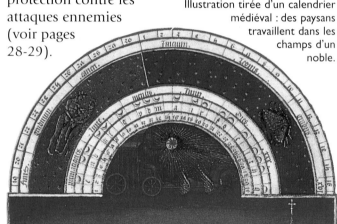

Un chevalier à l'entraînement

Les paysans

Les paysans cultivent les terres des chevaliers, des nobles et du roi. En retour, les seigneurs leur doivent protection contre les attaques ennemies (voir pages 28-29).

Illustration tirée d'un calendrier médiéval : des paysans travaillent dans les champs d'un noble.

500   600   700   800   900

Les soulèvements

Il arrive que, en dépit de leur serment d'allégeance, les nobles se rebellent contre leur roi et les paysans contre leurs seigneurs.

Jean sans Terre

Le roi d'Angleterre Jean sans Terre (ainsi appelé parce qu'il ne reçoit pas de terre en héritage) est un souverain puissant qui contrôle ses nobles (les barons) d'une main de fer. Mais, en 1215, ceux-ci se révoltent et l'obligent à signer un accord, dit Magna Carta (« Grande Charte »). Il y est stipulé qu'avant de prendre une décision le roi doit en référer à un conseil composé de barons et d'évêques.

Jean sans Terre

La naissance du Parlement

En 1275, en Angleterre, chevaliers et citadins se joignent aux barons et aux évêques pour former un nouveau conseil, le Parlement. Le prochain siècle verra la création de plusieurs conseils de ce type chargés de contrôler les rois européens.

Une réunion au Parlement

Les révoltes paysannes

Les paysans veulent davantage de liberté et se soulèvent contre leurs seigneurs. En France, c'est la jacquerie de 1358 (les paysans français s'appellent alors des jacques). En Angleterre, menés par Wat Tyler, ils marchent sur Londres en 1381. Le roi d'Angleterre Richard II rencontre les rebelles et promet de les aider. Plus tard pourtant, il les punira.

Les paysans anglais se soulèvent et marchent sur Londres.

Ils mettent le feu aux habitations.

Les paysans entrent de force dans la Tour de Londres.

La maison d'un riche marchand est pillée.

Ces paysans détruisent la maison d'un avocat.

Ce prisonnier vient juste d'être libéré.

Certains y laissent la vie.

Les nobles et les marchands tentent de s'enfuir.

Wat Tyler mène les paysans dans les rues de Londres.

Dates importantes

1215 Jean sans Terre signe la Magna Carta.
1275 Les membres du Parlement anglais commencent à se réunir régulièrement.
1358 Jacquerie en France

EUROPE

1100　1200　1300　1400　1500

23

La guerre

Pendant le Moyen Âge, la guerre peut éclater à tout moment. Il faut s'y préparer : les rois et les nobles édifient des châteaux forts, les chevaliers et les fantassins s'entraînent. Les armées s'affrontent dans leur pays ou à l'étranger.

Fantassins qui défendent un château.

Défendre son château

Un château fort peut être convoité par des ennemis étrangers ou par un seigneur voisin. Il faut qu'il résiste aux attaques et soit facile à défendre.

Armée ennemie à l'assaut d'un château fort

Ce garde lance une grosse pierre du haut des remparts.

Ouverture par laquelle les gardes déversent de l'huile bouillante sur les ennemis.

Les soldats se servent d'une tour de siège (ou beffroi) pour accéder à la crête du rempart.

Le pont-levis levé (il est ici découpé pour laisser apparaître la herse) empêche les ennemis d'entrer dans le château.

Les archers décochent leurs flèches en se protégeant derrière les archères.

Certains osent grimper à une échelle.

La herse est en fer. On peut la lever ou l'abaisser.

Bélier

Des soldats ont construit un pont de fortune avec des planches et des troncs d'arbres.

Lance   Catapulte

Douves   Grosse pierre

Archer

L'adoubement

Seul un garçon né dans une famille noble peut devenir chevalier. Il travaille d'abord comme page dans un château, apprend l'équitation et l'art du combat. Puis il devient écuyer : son rôle consiste à servir un chevalier. Quand il a prouvé sa bravoure, il est adoubé (fait chevalier) par le roi ou un noble.

★

Noble qui adoube un écuyer.

Les chevaliers dans la bataille

Fléau d'arme

Casque en métal

Cotte de mailles (haubert) constituée d'anneaux métalliques entrecroisés

Bouclier décoré selon le blason du seigneur

★

Chevalier sur son destrier (cheval de bataille)

Voici la flamme (le drapeau) du seigneur du château

Des pierres lancées d'une catapulte ont endommagé la muraille.

Abri de bois érigé à la hâte avant la bataille

Ces soldats se protègent derrière de grands boucliers en osier.

Le chevalier monte un fringant destrier. Il porte une épée, une lance, une hache et une arme meurtrière, le fléau. Tout chevalier se doit d'arborer le blason, ou armoiries, de son seigneur.

Les fantassins

Les fantassins montent la garde devant le château de leur seigneur et combattent à pied avec poignards, piques, arbalètes et arcs.

Catapulte à fronde

Pierres pour alimenter la catapulte.

Ce soldat bande son arbalète.

Archers

La vie de château

Les rois et les nobles vivent dans des châteaux forts avec leur famille, leurs serviteurs et leurs gens d'armes. En temps de paix, le seigneur s'occupe de ses terres, fait respecter la loi et l'ordre, et organise des fêtes et des tournois.

Voici la tour principale, ou donjon, d'un château fort (elle a été découpée pour voir l'intérieur).

★

Ces gardes font le guet.

Cette chambre est celle du seigneur et de son épouse.

Cette pièce est réservée au seigneur et à sa famille.

Tour de guet

Donjon   Cour intérieure

★

Douves

Corps de garde

Cour extérieure

Pont-levis

Plan d'un château fort

Chapelle

Cet homme cuit du pain dans un four.

Les gardes mangent dans cette salle.

Puits

Cachot

Entrée

Salle de réception

Cuisine

Écuries

Garde-robe ou toilettes

Maréchal-ferrant

Rémouleur

Les denrées sont au frais dans le cellier.

Le colombier abrite des colombes.

EUROPE

La chasse

Les rois et les nobles chassent souvent autour de leur château. Ils parcourent la campagne à cheval avec leur meute de chiens et tuent cerfs, sangliers, ours, et même des loups.

Jean sans Terre chassant le cerf

La fauconnerie

La fauconnerie est un sport médiéval très populaire. Les seigneurs et les dames possèdent leurs propres oiseaux, faucons et éperviers, entraînés par des fauconniers pour attraper de petits animaux et d'autres oiseaux.

Fauconniers

Les loisirs

Les nobles et leur famille aiment danser, chanter et jouer d'un instrument de musique. Ils jouent aussi aux échecs. Les femmes font de délicates broderies.

Jeu d'échecs

Les fêtes

De somptueuses fêtes sont données dans la salle de réception du château. Des pages servent nourriture et vin, des bouffons divertissent les convives et des ménestrels jouent de la musique et chantent. Les plats se succèdent et la fête dure des heures.

La fête au château

★

Des hérauts annoncent le prochain plat d'une sonnerie de trompette.

Le seigneur et sa dame sont assis sous un dais.

Les invités de marque sont assis à la table d'honneur.

Le goûteur du seigneur s'assure que la nourriture n'a pas été empoisonnée.

On mange avec les doigts.

Cygne rôti

Tête de sanglier

Ce dessert est en pâte d'amandes.

Poisson salé sur un plat en étain

Des tranches de pain rassis servent d'assiette.

Bouffon

Ménestrel

Les tournois

Il arrive souvent que la cour du château résonne du bruit des lances de deux chevaliers qui chargent l'un vers l'autre et tentent de se désarçonner. Les joutes sont des combats courtois très populaires lors des tournois.

★

Ce chevalier a laissé tomber sa lance et son bouclier.

Les chevaux qui chargent sont des destriers.

Joute de chevaliers lors d'un tournoi

Vivre dans un village

Durant le Moyen Âge, on habite surtout dans les villages. Un chevalier, ou seigneur du lieu, possède la terre autour du village et les paysans ont le droit d'en cultiver des lots. Certains sont des hommes libres qui doivent, en échange de ce droit, remettre une partie de leurs récoltes ou payer en argent. D'autres, les vilains, libres aussi, travaillent à mi-temps pour leur seigneur.

Paysan qui sème à la volée.

Un noble vit dans un château.

Le seigneur vit dans un manoir.

Un village médiéval

Les champs sont divisés en lots.

Le seigneur du manoir chasse.

Voici l'enclos (la fourrière) où sont rassemblés tous les animaux errants. Il faut payer pour récupérer le sien.

Les villageois font paître leurs animaux sur les communs.

Terrain communal

En punition, cet homme est mis au pilori.

Auberge

Écurie

Pêcheur

Puits

Maréchal-ferrant

Ce paysan coupe le blé avec une faucille.

Charpentiers

L'agriculture

La plupart des villages disposent en général de trois grands champs. Le premier est planté de blé, le deuxième d'orge et le troisième est en jachère : il n'est pas cultivé le temps que sa fertilité se reconstitue. Les champs sont divisés en lots, que les différentes familles du village se partagent. Une famille possède plusieurs lots dans chacun des trois champs.

Ces villageois vont vendre de la laine, des œufs et du fromage à la ville voisine.

Autres métiers

Tous les villageois travaillent la terre, mais certains, comme le meunier et le maréchal-ferrant, font un autre métier. Ils reçoivent de la nourriture pour leur travail.

EUROPE

500	600	700	800	900

Les maisons du village

Les paysans vivent dans des maisons
rudimentaires, construites sur
de la terre battue. Il n'y a pas
de vitres aux fenêtres.

*Les denrées pour
l'hiver sont conservées
sous le toit.*

Maison découpée
pour mieux voir
l'intérieur. ★

*Trou d'où s'échappe
la fumée.*

Toit de chaume

*Charpente
en bois*

Outils

Marmite

Étable

Foyer de pierres

Coffre aux vêtements

*On dort sur un
matelas de paille.*

*Les murs sont faits de clayonnages
enduits de torchis (pieux et branchages
recouverts de boue et de paille).*

*Le meunier moud le
grain des villageois
dans son moulin.*

Église

*Maison
du prêtre*

*Couvreur de
toit de chaume*

*Cette femme
file la laine.*

Potager

Ruches

L'alimentation

On mange du pain, des flocons
d'avoine, des fruits, des légumes
et du ragoût, le tout largement
arrosé de bière. Œufs, poisson
et viande sont des produits de
luxe. Les familles gardent parfois
une vache et font du fromage
qu'elles vendent au marché local.

Femme qui trait une vache.

Les foires

Au moins une fois
par an, une foire se
tient sur le terrain
communal du
village. Les
marchands font
des échanges.
On organise des
jeux et des luttes
pour le plaisir. Des
amuseurs passent
dans la foule.

Acrobates

Lutteurs

Jongleur

★

Foire de village

*Cet homme
a dressé son
ours à danser.*

EUROPE

Vivre dans une ville

Vers l'an 1100, des villes apparaissent un peu partout en Europe. Beaucoup sont construites près d'un château. Les habitants de la ville doivent payer un tribut au seigneur, mais ils n'ont pas à travailler pour lui et peuvent choisir leur métier.

Une ville médiévale

Mur de la ville

Château

Les artisans

De nombreux artisans ouvrent des ateliers en ville. Ils fabriquent des vêtements, de la vaisselle et des poteries, toutes sortes de choses qu'ils vendent aux citadins et aux fermiers qui viennent en ville.

Teinturiers au travail

Les marchands

Les marchands vendent de la laine, du bois et du fer aux artisans. Ils proposent aussi des objets de luxe en provenance des pays lointains tels que vin, épices, soieries et bijoux.

Marchand de vin dans son bateau

Vue partielle d'une ville médiévale

Maison du marchand de vin

Église

Ici on vend des tissus.

Les fermiers apportent laine et nourriture en ville.

Place du marché

On jette les déchets dans la rue.

Brasserie

Rigole d'écoulement

Mendiant

La famille du potier vit au-dessus de l'atelier.

Auberge

Les rues sont sales.

Autres métiers

Boulangers, bouchers et brasseurs approvisionnent les citadins en vivres et boissons. Les aubergistes ouvrent des tavernes. Les prêtres et les médecins s'installent en ville.

Les visiteurs

Les fermiers et les marchands viennent en ville pour acheter et vendre des marchandises, mais avant d'entrer, tout visiteur doit s'acquitter d'une taxe, le péage.

500 600 700 800 900

Les pauvres vivent dans ces maisons.

Les maisons prennent souvent feu.

Voici l'hôtel de ville où les guildes se réunissent.

Boulangerie

Porteur d'eau

L'atelier d'un cordonnier

Les guildes

Les artisans et les marchands se regroupent par métier : ce sont les guildes. Quand on appartient à une guilde, on se doit de proposer une marchandise de qualité et à un prix raisonnable. Les ouvriers sont payés équitablement et le commerce est réglementé.

Écusson de ★ forgeron

Le maître met ses apprentis à l'épreuve.

Joindre une guilde

Les membres d'une guilde, ou corporation, sont en général des hommes qui ont travaillé pendant sept ans comme apprentis, sous la houlette d'un maître. À la fin de leur apprentissage, ils doivent présenter un « chef-d'œuvre ». S'il est accepté, ils deviendront des apprentis qualifiés. Seuls quelques-uns d'entre eux passeront maîtres.

Les jours fériés et les mystères

Certains jours fériés, les guildes proposent des pièces de théâtre. Les artisans et les marchands jouent devant les citadins. Ils exécutent parfois un drame à sujet religieux, appelé mystère, car on a confondu le latin ministerium « service, office » qui s'est contracté en misterium « métier », avec mysterium « mystère ».

★

Scène tirée d'une pièce dont le sujet est saint Georges combattant le dragon.

Représentation du Jugement dernier

En Angleterre, un chariot (pageant) décoré sur lequel jouent des acteurs circule dans la ville.

Le blason de la guilde

La bouche de l'Enfer

Démon

Ange

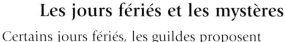

Le commerce et les villes

Bijoux, soierie et épices importés d'Orient

Dans les années 1300, en Europe, il est possible de s'offrir des objets de luxe, soieries, bijoux, et même sucre et épices. Les marchands européens font des échanges avec les marchands arabes et turcs, qui commercent jusqu'en Inde, en Afrique et en Chine.

Les marchands banquiers

Les échanges commerciaux s'intensifiant, le besoin d'emprunter grandit. Un groupe de marchands de Lombardie (Italie du Nord) crée la première banque, bientôt suivi d'autres Italiens qui s'associent pour fonder des banques dans toute l'Europe.

Marchands banquiers qui comptent leur argent.

Les foires

Plusieurs fois dans l'année, des marchands venus de toute l'Europe se réunissent dans des foires où ils achètent et vendent leurs produits. Les villes qui organisent ces foires s'enrichissent.

Évêque qui bénit une foire.

La puissance des marchands

Au Moyen Âge, les marchands emploient des ouvriers pour fabriquer leurs produits tel le tissu. De plus, ils financent la construction de superbes édifices. Les marchands principaux d'une ville s'associent et instituent un conseil qui prend des décisions sur la gestion de la ville.

À Bruges, les marchands du textile ont financé l'hôtel de la ville.

Le prix de la liberté

Au début, les citadins paient un loyer à leur seigneur, mais, avec l'enrichissement des villes, ils souhaitent bientôt acquérir leur indépendance. Ils achètent alors un document, ou charte, sur lequel le seigneur appose son sceau, signifiant ainsi qu'il concède ses droits aux citadins.

Sceau apposé
★ sur une charte

Les cités-États

Quelques grandes villes d'Allemagne et d'Italie ont leur gouverneur, qui vit dans un palais et crée des lois propres à ces villes. Ces cités indépendantes s'appellent des cités-États.

Venise est à l'époque l'une des plus riches cités-États.

La Hanse

Certaines des villes commerçantes
européennes les plus actives sont
groupées autour de la mer Baltique
et de la mer du Nord. Elles forment
une fédération, la Hanse, au sein
de laquelle elles s'entraident et
suivent des règles strictes. En 1350,
la fédération de la Hanse comprend
plus de 70 villes.

Activité portuaire dans
une ville de la Hanse
★

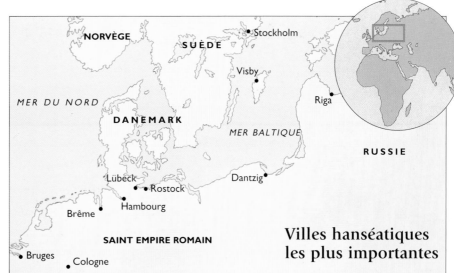

**Villes hanséatiques
les plus importantes**

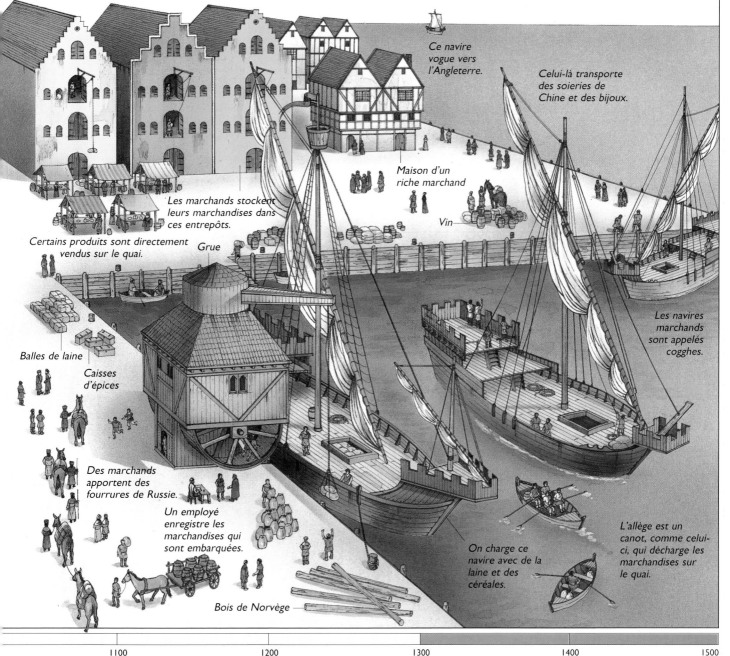

Ce navire
vogue vers
l'Angleterre.

Celui-là transporte
des soieries de
Chine et des bijoux.

Les marchands stockent
leurs marchandises dans
ces entrepôts.

Maison d'un
riche marchand

Vin

Certains produits sont directement
vendus sur le quai.   Grue

Les navires
marchands
sont appelés
cogghes.

Balles de laine

Caisses
d'épices

Des marchands
apportent des
fourrures de Russie.

Un employé
enregistre les
marchandises qui
sont embarquées.

On charge ce
navire avec de la
laine et des
céréales.

L'allège est un
canot, comme celui-
ci, qui décharge les
marchandises sur
le quai.

Bois de Norvège

EUROPE

Le pouvoir des papes

★
Un pape au
Moyen Âge

Le chef spirituel de l'Europe occidentale est le pape. Il vit à Rome. Les papes ont tous cherché à rivaliser avec les souverains européens de l'époque, les rois de France et les empereurs du Saint Empire romain notamment (voir page 19, le Saint Empire romain).

Le pape et l'empereur

Les empereurs du Saint Empire romain comme les papes de l'époque veulent tous contrôler les évêchés de l'empire. Cela ne se fait pas sans mal et, en 1077, le pape Grégoire VII fait attendre l'empereur Henri IV pieds nus dans la neige pendant trois jours avant de lui accorder son pardon.

Le pape et le roi

Le roi de France Philippe le Bel se heurte au pape Boniface VIII au sujet du droit royal de récolter des impôts fonciers sur les terres de l'Église. En 1303, Boniface annonce qu'il détient le pouvoir général, la suprématie sur tous les autres dirigeants. Cela met Philippe le Bel en colère, et il le fait emprisonner.

★
Le pape
Boniface

★
Le roi de France
Philippe le Bel

(voir page 19, le Saint Empire romain).

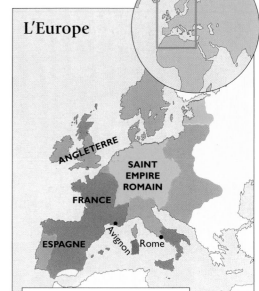

L'Europe

ANGLETERRE
SAINT EMPIRE ROMAIN
FRANCE
ESPAGNE
Avignon   Rome

■ Pays partisans du pape en Avignon
■ Pays partisans du pape à Rome
■ Majorité en faveur du pape à Rome

Les papes en France

En 1309, un pape français s'installe en Avignon, dans le sud de la France. Des papes s'y succéderont pendant cent ans, tandis que des papes rivaux continueront de diriger de Rome. Certains pays suivront les conseils des papes en Avignon, d'autres soutiendront les papes de Rome (voir la carte). Cette profonde division prend le nom de Grand Schisme.

Le palais des Papes

Procession dans la ville d'Avignon
★

Le pape est porté sur un trône.

On s'agenouille pour recevoir la bénédiction papale.

Marchands de la cité

Religieuses

Moines

Évêques

Les cardinaux, en rouge, sont les conseillers du pape.

Prêtre

Évêque

Les ennemis de l'Église

Au Moyen Âge, il est très mal vu de ne pas suivre les conseils des chefs spirituels. Ceux qui mettent en question les enseignements de l'Église sont punis avec sévérité ; on accuse de sorcellerie ceux qui ont un comportement étrange ; les juifs sont persécutés.

La persécution des juifs

Les juifs doivent porter des habits qui permettent de les reconnaître. Dans toute l'Europe, ils sont harcelés et souvent tués. Ils sont chassés d'Angleterre, de France et d'Espagne.

Un juif au Moyen Âge

La sorcellerie

On intente des procès injustes à toute personne soupçonnée de sorcellerie. Ainsi, il existe l'épreuve de l'eau : quand l'accusé flotte, il est coupable ; s'il coule, il est innocent.

Femme suspectée de sorcellerie

Les hérétiques

Ceux qui mettent en doute les enseignements de l'Église sont dits hérétiques. Des inquisiteurs, moines dépêchés par les papes, se mettent à la recherche des hérétiques et tentent de les persuader de changer d'avis. S'ils s'obstinent, ils sont torturés ou tués.

Hérétiques au milieu des flammes

Les croisés et les cathares

Croisés à l'assaut d'une cité cathare

Les cathares appartiennent à un mouvement religieux pour qui le monde est l'œuvre du Mal. Ces idées, qualifiées d'hérétiques, se répandent rapidement dans le sud de la France, ce qui effraie le pape Innocent III. Il décide alors de les combattre : c'est la croisade contre les albigeois, qui ne prend fin qu'avec l'anéantissement des cathares.

Les croisés ont bâti cette cathédrale à Albi après leur victoire sur les cathares.

Jan Hus

Jan Hus est un réformateur tchèque qui s'attaque au pouvoir du pape et affirme que chacun devrait lire la Bible pour soi. Il est arrêté et brûlé comme hérétique. À sa mort, ses partisans, les hussites, se rebellent contre le pape et le Saint Empire romain. Leur rébellion dure 17 ans, au cours desquels ils gagnent de nombreuses villes d'Europe de l'Est à leur cause.

Jan Hus est conduit à la mort.

Dates importantes

1210-1229	La croisade des albigeois
v. 1230	Les papes font appel aux inquisiteurs.
1290	Les juifs sont chassés d'Angleterre.
1306	Les juifs sont chassés de France.
1309-1417	Des papes s'installent en Avignon.
v. 1372-1415	Vie de Jan Hus
1378-1417	Papes en Avignon et à Rome (Grand Schisme)
1419-1436	La guerre des hussites
1492	Les juifs sont chassés d'Espagne.

EUROPE

1100   1200   1300   1400   1500

35

Construire une cathédrale

Un évêque

Sur l'ordre des évêques et des archevêques de l'époque, de grandioses cathédrales s'élèvent à la gloire de Dieu. Leurs sculptures, leurs statues ainsi que leurs vitraux sont magnifiques. Il faut bien souvent plus d'un siècle pour construire de tels bâtiments.

L'Histoire en vitrail

Les vitraux des églises et des cathédrales, tel celui de droite, mettent en scène la Bible et permettent d'enseigner l'Histoire aux paroissiens illettrés.

Vitrail représentant Noé sur son arche

Cathédrale en cours de construction
★

Flèche

Échafaudage en bois

Un treuil est une machine qui permet de soulever des blocs de pierre.

Le toit est couvert de feuilles de plomb.

Parfois, un ouvrier tombe et se tue.

Ateliers

Les charpentiers taillent des bancs pour les prêtres.

Ces hommes préparent du ciment.

Le maître maçon indique leur travail aux ouvriers.

L'architecte montre un vitrail à l'évêque.

Tailleurs de pierre

Graveur sur pierre

Sculpteurs

Aller en pèlerinage

Un pèlerin

Durant le Moyen Âge, nombreux sont les chrétiens qui partent en pèlerinage. Ce voyage religieux est pour eux l'occasion de montrer leur amour de Dieu mais aussi de se faire pardonner leurs péchés ou de guérir d'une maladie.

Les routes

Le but du voyage de ces pèlerins est d'approcher les lieux saints : ce sont des sanctuaires où les saints ont été enterrés ou leurs objets conservés. Beaucoup de routes mènent à Jérusalem ou à Rome. D'autres vont à Saint-Jacques-de-Compostelle, en Espagne, afin de visiter le tombeau de saint Jacques, le patron des pèlerins.

★
Saint Jacques

Les pèlerins de Cantorbéry

En Angleterre, les pèlerins vont à Cantorbéry pour prier sur le tombeau de saint Thomas Becket, un archevêque assassiné par les chevaliers du roi Henri II.

Assassinat de Thomas Becket

Des histoires de pèlerins

Les routes du pèlerinage sont difficiles et peu sûres, mais on peut aussi s'y amuser. Dans le poème médiéval anglais intitulé les « Contes de Cantorbéry », les pèlerins se racontent des histoires pendant le voyage.

Pèlerins en route vers Cantorbéry (Angleterre)
★

Ils s'arrêtent dans des auberges pour manger et dormir.

Moines   Religieuses

Parfois, des voleurs les attendent !

Cet homme raconte une histoire.

Cet enfant est malade.

Certains pèlerins entament un hymne.

Cet homme vend des insignes.

Prêtre qui prêche devant des pèlerins.

Les riches font le pèlerinage à cheval.

Cette femme a l'espoir de guérir.

Cet homme marche pieds nus en signe de pénitence.

Moines et monastères

Un moine et une religieuse

Au Moyen Âge, de nombreux chrétiens choisissent de se mettre au service de Dieu. Ils se font religieux et vivent en dehors du monde, dans des monastères pour les hommes et dans des couvents pour les femmes. Ils prient à heures régulières, suivent des règles strictes et travaillent tous les jours.

Monastère. Certains bâtiments ont été découpés pour mieux voir l'intérieur.

Les visiteurs séjournent dans une hôtellerie.

Les moines mangent tous ensemble dans le réfectoire.

Ils se lavent dans le lavatorium.

Cuisine

Verger

Potager

Des moines s'occupent des malades de l'hospice.

Puits

Des moines copient des manuscrits dans le scriptorium.

Cette maison est celle de l'abbé, le supérieur du monastère.

Ruches

Les réunions se tiennent dans la salle capitulaire.

Moines qui prient dans la chapelle.

Se faire moine

Un moine doit promettre d'abandonner tous ses biens terrestres, d'obéir à son abbé, qui est son supérieur, et de ne pas se marier. Avant de prononcer leurs vœux, ces hommes sont des novices qui doivent apprendre les règles de la communauté choisie.

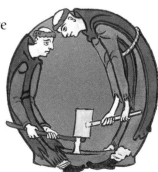

Moines qui fendent du bois.

Les bénédictins

Au Moyen Âge, certains moines suivent la règle de saint Benoît (Benoît de Nursie, né vers 480). Ils doivent prier, étudier et travailler dur aux champs. Ils doivent aussi se nourrir simplement, porter la bure, robe faite de grosse étoffe de laine brune, et s'occuper des malades et des pauvres.

500   600   700   800   900

Soigner les malades

Dans les jardins du monastère, les moines font pousser des plantes médicinales dont ils se servent pour soigner les malades. Ils rédigent des recueils sur les bienfaits des plantes et savent fabriquer des médicaments.

Moines qui préparent des médicaments. ★

Les manuscrits

Contrairement à la plupart de leurs contemporains médiévaux, les moines savent lire et écrire. Ils recopient à la main des textes existants qu'ils décorent ou enluminent : ce sont des manuscrits.

★ Lettre enluminée dans un manuscrit

La prospérité

Les riches donnent de l'argent et des terres aux moines. C'est ainsi que la plupart des monastères prospèrent. Certains moines abandonnent leur vie simple, faite de prières et de travail, au profit d'une existence dorée de propriétaire terrien.

Moine qui boit goulûment.

Les moines dorment dans un dortoir.

Certains moines travaillent dans les champs.

Ce monastère est entouré par un mur.

Cette galerie s'appelle un cloître.

Chapelle

Autel

Ces pauvres gens viennent demander à manger.

Étang

EUROPE

1100   1200   1300   1400   1500

L'art au Moyen Âge

Au Moyen Âge, la grande majorité des hommes et des femmes ne savent pas lire. Leur savoir leur vient surtout des images : ils apprennent le christianisme grâce aux peintures, aux sculptures et aux vitraux de leur église. Les prédicateurs se servent de ces images pour illustrer leurs enseignements.

Les images des églises

Les églises médiévales sont emplies d'images. Même la plus simple des églises offre des peintures colorées sur ses murs et des sculptures à l'intérieur comme à l'extérieur. Les églises et les cathédrales de plus grande importance sont décorées de vitraux somptueux, de sculptures raffinées et d'admirables statues.

★
Statue peinte représentant une princesse chrétienne germanique

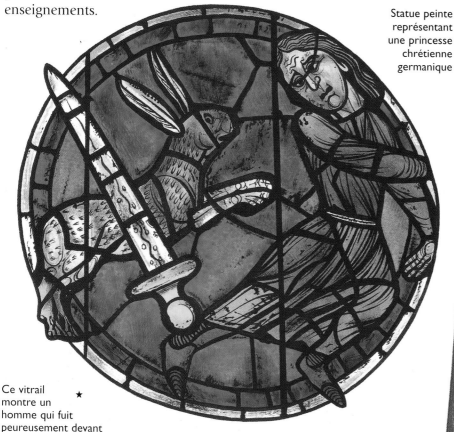

★
Ce vitrail montre un homme qui fuit peureusement devant un lièvre. Il enseigne aux gens qu'il faut être brave.

Étranges sculptures

Les sculptures médiévales ne représentent pas toujours des sujets religieux. Sur les hauteurs des murs des églises, on trouve des figures de fantaisie hideuses et des monstres de pierre. Ce sont des gargouilles. L'eau de pluie se déverse parfois par leur gueule.

★
Gargouille

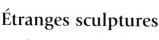

Un art pour les riches

Les seigneurs aisés et leurs dames possèdent leur propre livre de prières et leur Bible, écrits à la main et magnifiquement illustrés. De merveilleuses tapisseries, qui représentent en général des scènes de la vie de château, ornent aussi les murs de leur demeure.

Veneur, illustré sur une tapisserie

Des trésors

Les orfèvres créent des bijoux raffinés, couronnes, gobelets et croix, qu'ils décorent de pierres précieuses.

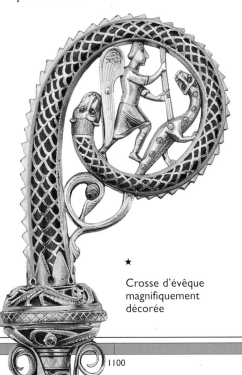

★
Crosse d'évêque magnifiquement décorée

Des images pour les fidèles

Cette peinture du XIVᵉ siècle représente la Vierge Marie et Jésus, au ciel, entourés d'anges. Elle était sans doute posée sur l'autel (table où l'on célèbre la messe) d'une chapelle privée.

Des artistes habiles peignent de superbes œuvres religieuses sur des panneaux de bois verticaux placés sur un autel d'église ou en retrait. On les appelle des retables. Ils incitent les fidèles à prier.

Les artistes de l'époque n'essaient pas de rendre leurs œuvres réalistes, ils préfèrent donner le sentiment de l'éternité par des scènes dont l'éclat rayonne sur un fond doré.

EUROPE

| 1100 | 1200 | 1300 | 1400 | 1500 |

Les croisades

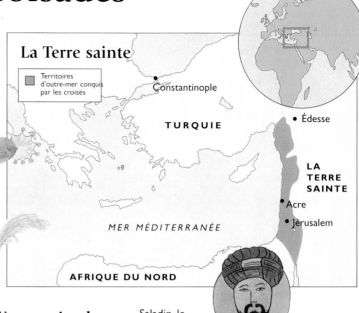

La Terre sainte

Territoires d'outre-mer conquis par les croisés

Constantinople

TURQUIE

MER MÉDITERRANÉE

AFRIQUE DU NORD

Édesse

LA TERRE SAINTE

Acre

Jérusalem

ans les années 1060, ce sont les musulmans turcs qui contrôlent la Palestine, ou Terre sainte. Les Turcs sont une menace pour les chrétiens qui souhaitent visiter la Terre sainte. Ils attaquent d'ailleurs l'empire chrétien d'Orient et l'emportent sur les Byzantins à la bataille de Mantzikert (voir page 54). Partout, les chrétiens sentent que leur religion est en péril.

Guerrier musulman tel que l'a imaginé un artiste de l'époque.

Saladin, le courageux chef des musulmans

La riposte

Après la victoire des Turcs, l'empereur byzantin demande de l'aide aux chrétiens d'Europe occidentale. En 1095, en France, le pape Urbain II prêche la première croisade : il appelle tous les chrétiens d'Europe à libérer la Terre sainte des musulmans.

En France, le pape Urbain II prêche la croisade.

La première croisade

Les nobles de trois pays, la France, l'Allemagne et l'Italie, rassemblent leurs armées et partent pour la Terre sainte. Il leur faudra trois ans pour atteindre Jérusalem, mais, en 1099, ils prennent la ville et ses environs. Les croisés appellent « outre-mer » ce royaume situé au-delà de la mer.

La réplique des musulmans

Après la première croisade, les croisés repartent chez eux, laissant un outre-mer sur le déclin. Les musulmans s'emparent d'Édesse et la deuxième croisade échoue. Sous le règne de Saladin, les musulmans reprennent Jérusalem.

Une bataille lors de la première croisade

Soldats musulmans

La troisième croisade

Les souverains anglais, français et allemand mènent la troisième croisade. Ils remportent de nombreuses batailles, s'emparent d'Acre, mais ne parviennent pas à reprendre Jérusalem.

Combat entre croisés et musulmans lors de la troisième croisade ★

Les croisés montent de lourds chevaux qui excellent à charger.

Les chevaux des guerriers musulmans sont légers et rapides à l'attaque.

Le roi d'Angleterre, Richard Ier Cœur de Lion, mène son armée.

La quatrième croisade

La quatrième croisade ne dépasse pas Constantinople, capitale de l'Empire byzantin. Alors que les croisés sont les alliés des Byzantins, ils attaquent la ville et volent de nombreux trésors. Les croisés vont gouverner Constantinople pendant près de 60 ans.

Illustration de la cathédrale Saint-Marc, à Venise. Les quatre chevaux de bronze ont été volés à Constantinople.

Les moines-soldats

Pour combattre les musulmans se constituent des ordres de chevaliers qui sont aussi des moines. Ces moines-soldats sont les Templiers, les Teutoniques et les Hospitaliers.

Un Templier

La fin des croisades

Au cours du siècle, trois autres croisades se succèdent. En 1229, les musulmans acceptent de rendre Jérusalem aux chrétiens, mais l'arrangement ne dure pas. Les musulmans ne cessent de gagner du terrain et, en 1291, ils conquièrent Acre, la dernière ville aux mains des croisés.

Dates importantes

1071 Bataille de Mantzikert
1096-1099 Première croisade
1099 Les croisés s'emparent de Jérusalem.
1147-1149 Deuxième croisade
1187 Les musulmans reprennent Jérusalem.
1189-1192 Troisième croisade
1191 Les croisés s'emparent d'Acre.
1202-1204 Quatrième croisade
1204 Les croisés s'emparent de Constantinople.
1229 Les croisés contrôlent Jérusalem.
1244 Les musulmans reprennent Jérusalem.
1291 Les musulmans reprennent Acre. Fin des croisades.

MOYEN-ORIENT

1100   1200   1300   1400   1500

43

La Mort noire

En 1347, un navire en provenance d'Asie revient en Italie : il transporte un terrible fléau dans ses soutes, la peste. On l'appelle la Mort noire, car la maladie apparaît sous la forme de gros abcès noirâtres mortels. En six ans, elle va ravager l'Europe et tuer environ une personne sur trois.

Marin malade que l'on débarque.

L'Europe et la peste

1353

ANGLETERRE
1348

RUSSIE

POLOGNE
1350

OCÉAN
ATLANTIQUE
1349

1348

FRANCE

1347

ESPAGNE

Cette carte montre les diverses régions de l'Europe touchées par la peste.

☐ Zones épargnées par la peste

Les rats et les puces

Ce sont les puces qui, en suçant le sang de rats infectés, propagent la maladie. Mais à l'époque on ne le sait pas et tous les moyens pour mettre fin à l'épidémie échouent.

On brûle les vêtements des morts.

La punition de Dieu

De nombreuses personnes croient que la Mort noire leur est envoyée par Dieu pour les punir de leurs péchés. Un groupe de religieux, les flagellants, se fouettent en public pour faire pénitence. En réalité, comme les frères vont de ville en ville, ils participent à la propagation de la peste.

Une ville touchée par la Mort noire ★

Les propriétaires de ces maisons se sont réfugiés à la campagne.

Des voleurs s'emparent de la nourriture laissée dans les maisons vides.

On évacue les morts en charrette.

Les maisons infectées sont marquées d'une croix.

Ce médecin tente de se protéger en portant un masque de cuir.

Certains frères se flagellent.

Quelques flagellants déambulent dans les rues.

Les rats courent dans les rues.

Criminels et hors-la-loi

Les coupables sont enfermés dans cette prison.

ans l'Europe du Moyen Âge, la vie peut être dangereuse et violente. Des voleurs sévissent dans les villes, attendent les voyageurs sur les routes isolées pour les piller, et parfois les querelles s'achèvent dans un bain de sang.

Attraper les criminels

Les villes et les villages s'organisent alors, et un groupe d'hommes, les veilleurs, montent la garde à tour de rôle. En réalité, n'importe qui peut attraper un voleur. Dès qu'on croit assister à un crime, on crie « haro » afin d'ameuter la foule contre le coupable.

Une chasse à l'homme dans un village

Les veilleurs se joignent à la chasse à l'homme.

Le propriétaire du cochon crie haro.

L'homme a volé un cochon.

Les châtiments publics

Afin de servir d'exemple, les punitions sont souvent rendues en public. Les malfaiteurs sont condamnés au pilori ou tirés par des chevaux dans les rues et fouettés. Ceux qui ont commis des crimes sont mis à mort devant un public nombreux.

Un criminel est tiré par des chevaux dans les rues.

Dures lois

Au Moyen Âge, les lois sont dures. Parmi les plus haïes, on trouve celles qui concernent les forêts, car si les rois et les nobles ont le droit de chasser le cerf sur leurs terres, un paysan qui tue pour se nourrir est sévèrement puni. Il encourt même la mort.

Les hors-la-loi

Certains tentent parfois d'échapper au jugement. Ils deviennent alors des hors-la-loi sans droits et vivent en forêt. Ce n'est pas un crime de les tuer. Ainsi, de nombreuses légendes courent : il en est une en Angleterre sur un dénommé Robin des Bois. En réalité, personne ne sait s'il a vraiment existé.

Statue de Robin des Bois

CRIMES ET CHÂTIMENTS		PESTE		
1100	1200	1300	1400	1500

Les royaumes celtiques

Archer celte

En 500, des tribus barbares contrôlent la majeure partie de l'Europe (voir page 6) excepté l'Armorique (bientôt appelée Bretagne) où les Celtes gardent leur indépéndance jusqu'en 1532, date de leur rattachement à la France. De même les Gallois, les Écossais et les Irlandais se battent pour ne pas être assujettis à l'Angleterre.

Le pays de Galles

Les rois anglais désirant surveiller les princes à la tête du pays de Galles, ils accordent aux puissants nobles les terres en bordure du pays de Galles. Ces nobles repoussent les Gallois hors d'Angleterre et en profitent pour s'approprier certaines de leurs terres.

Portrait d'un seigneur anglais sur un vitrail

Les princes gallois

Le prince Llywelyn le Grand unit les princes gallois et épouse la fille du roi d'Angleterre. Son fils, Gruffydd, est fait prisonnier par les Anglais, mais son petit-fils, Llywelyn ap Gruffydd est reconnu prince de Galles par le roi d'Angleterre.

Gruffyd fait une chute mortelle du haut de la Tour de Londres.

Les royaumes celtiques

OCÉAN ATLANTIQUE

Royaumes celtiques

Territoires des seigneurs anglais en 1280

ÉCOSSE
• Bannockburn

IRLANDE
Dublin •

ANGLETERRE

PAYS DE GALLES

FRANCE

BRETAGNE

Le triomphe des Anglais

Llywelyn ap Gruffyd prend le contrôle de la majeure partie du pays de Galles. Mais en 1276, le roi d'Angleterre Édouard Ier décide de combattre les Gallois et Llywelyn est tué. Il nomme alors son fils prince de Galles, et les Anglais édifient des châteaux dans tout le nord du pays. Malgré quelques sursauts de rébellion, la domination anglaise s'installe.

Édouard Ier nomme son fils prince de Galles.

Attaque de l'armée galloise contre un château anglais

Archers anglais

Les murs du château sont hauts et épais.

Des soldats anglais lancent des pierres.

Les Gallois meurent en grand nombre.

Les soldats gallois montent la butte à l'assaut du château.

500   600   700   800   900

Pour approfondir tes connaissances sur les royaumes celtiques.
Pour le lien vers ce site, connecte-toi à : www.usborne-quicklinks.com/fr

Wallace d'Écosse

L'Écosse est un royaume, mais, en 1296, comme les Écossais n'arrivent pas à choisir leur souverain, c'est le roi d'Angleterre, Édouard Ier, qui s'impose. Les Écossais sont furieux, et un chevalier écossais du nom de William Wallace combat le roi. Victorieux au début, il est ensuite capturé et tué.

Statue de William Wallace ★

Les soldats qui composent l'armée écossaise ne sont pas bien entraînés.

Robert Bruce s'apprête à mener ses chevaliers au combat.

Chevaliers écossais

Les fantassins écossais se défendent avec des lances.

Bruce et Bannockburn

En 1306, Robert Bruce est couronné roi d'Écosse dans le plus grand secret. À Bannockburn, il l'emporte sur le roi d'Angleterre Édouard II, qui, en 1328, accepte l'indépendance du royaume d'Écosse.

Début de la bataille de Bannockburn ★

Les Écossais ont enfoncé des pieux dans le sol.

Les chevaliers anglais chargent les Écossais.

Le sol est marécageux.

Des chevaux tombent dans les trous creusés par les Écossais.

Les Anglais en Irlande

En 1160, un noble anglais surnommé Strongbow (« Arc fort ») vient aider un roi irlandais à combattre ses rivaux. Puis il épouse la fille du roi et s'empare de Dublin. Le roi d'Angleterre en est alarmé. Il décide de déclarer la guerre à l'Irlande pour ajouter des terres irlandaises à sa couronne. En 1400, les Anglais contrôlent l'est de l'Irlande, mais, en un siècle, les Irlandais vont réussir à regagner leurs territoires.

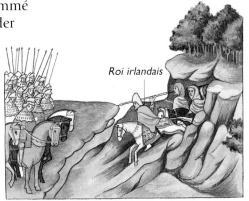

Roi irlandais

Guerriers irlandais qui attaquent l'armée anglaise.

Dates importantes

1170	Strongbow s'empare de Dublin.
1258-1282	Llywelyn ap Gruffydd est prince de Galles.
1301	Édouard II devient prince de Galles.
1314	Bataille de Bannockburn
1328	Édouard II accepte l'indépendance de l'Écosse.
1532	La Bretagne devient terre française.

EUROPE

1100   1200   1300   1400   1500

L'essor de la Bourgogne

L'un des plus puissants nobles de l'Europe médiévale est le duc de Bourgogne, qui règne sur la Bourgogne, un duché situé à l'est de la France. À sa mort, en 1361, il ne laisse aucun héritier mâle. Le roi de France Jean II le Bon fait alors de son plus jeune fils, Philippe II, le nouveau duc.

Le duc Philippe II le Hardi et ses descendants bâtissent un immense duché, qui touche à la fois la France et la Flandre, une zone composée de nos jours des Pays-Bas, de la Belgique et du nord de la France. Les ducs prélèvent des impôts sur les marchands de textile, les banquiers, les fermiers : ils amassent ainsi une fortune.

De riches donateurs

Les ducs de Bourgogne paient les artistes, peintres, sculpteurs, écrivains, pour produire des œuvres d'art. Le célèbre peintre flamand Jan Van Eyck est au service de la famille de Bourgogne.

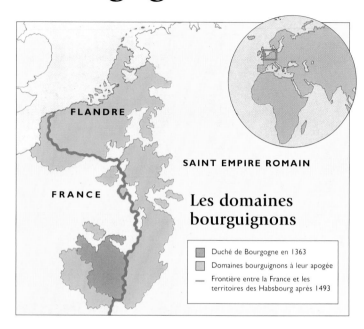

Les domaines bourguignons

FLANDRE

SAINT EMPIRE ROMAIN

FRANCE

- ☐ Duché de Bourgogne en 1363
- ☐ Domaines bourguignons à leur apogée
- — Frontière entre la France et les territoires des Habsbourg après 1493

Le portrait des époux Arnolfini, peint par Jan Van Eyck, célèbre le mariage d'un marchand italien installé en Flandre.

Querelles françaises

Les ducs de Bourgogne s'opposent au duc d'Orléans et à ses alliés, les Armagnacs. Ils se querellent aussi avec les rois de France. En 1419, le duc Jean de Bourgogne est tué, sans doute sur les ordres du fils du roi de France. Après cela, la Bourgogne se range du côtés des Anglais lors de la guerre de Cent Ans.

Marie et Maximilien

En 1476, le duc de Bourgogne Charles le Téméraire arrange le mariage de sa fille unique, Marie, avec l'archiduc d'Autriche, prince des Habsbourg, Maximilien Ier. L'année suivante, Charles meurt au combat, et le roi de France s'empare d'une partie de ses terres. Pendant 20 ans, Maximilien Ier devra combattre les Français pour reprendre la Bourgogne.

Maximilien, prince des Habsbourg

Les divisions

Maximilien Ier est fait Saint Empereur romain en 1493. La même année, il accepte de partager la Bourgogne avec le roi de France. Les Français s'emparent de toutes les terres bourguignonnes de France à l'exception d'un petit territoire. Le reste de la Bourgogne est rattachée au Saint Empire romain.

La cour de Bourgogne

De magnifiques fêtes et des bals sont donnés dans les châteaux de Bourgogne. Les chevaliers et les gentes dames de la cour bourguignonne arborent de coûteuses tenues et font preuve de manières exquises.

Bal à la cour de Bourgogne

Les musiciens jouent du haut d'un balcon.

Le poète attend de pouvoir présenter son poème à la duchesse.

Duc

Duchesse

On tient la coupe ducale en hauteur afin que personne ne puisse souffler dedans.

Conseiller du duc

À la cour, chacun porte de fabuleuses tenues de soie, satin, fourrure et velours.

Dates importantes

1363-1404	Philippe II le Hardi devient duc de Bourgogne.
1410-1411	Les Bourguignons s'opposent aux Armagnacs.
1419	Assassinat de Jean sans Peur, duc de Bourgogne
1477	Marie de Bourgogne épouse Maximilien d'Autriche, prince des Habsbourg.
1477-1493	La France et l'Autriche se disputent la Bourgogne.
1493	Maximilien Ier devient Saint Empereur romain. La Bourgogne est divisée.

EUROPE

1100   1200   1400   1500

49

La guerre des Deux-Roses

En 1455, un conflit éclate entre deux branches de la famille royale d'Angleterre. Il s'agit de la maison de Lancastre et de celle de York. Leur lutte est connue sous le nom de guerre des Deux-Roses, car les deux maisons prennent une rose pour symbole.

La rose blanche de York contre la rose rouge de Lancastre ★

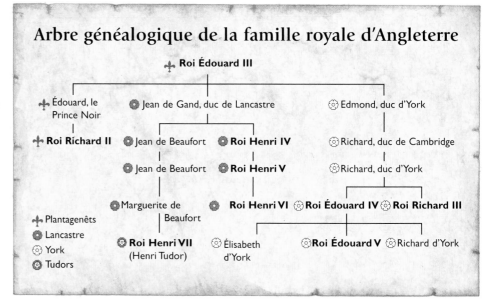

Arbre généalogique de la famille royale d'Angleterre

Roi Édouard III

Édouard, le Prince Noir — Jean de Gand, duc de Lancastre — Edmond, duc d'York

Roi Richard II — Jean de Beaufort — Roi Henri IV — Richard, duc de Cambridge

Jean de Beaufort — Roi Henri V — Richard, duc d'York

Marguerite de Beaufort — Roi Henri VI — Roi Édouard IV — Roi Richard III

Plantagenêts
Lancastre
York
Tudors

Roi Henri VII (Henri Tudor) — Élisabeth d'York — Roi Édouard V — Richard d'York

Les Lancastriens sont affaiblis

Le roi d'Angleterre Henri VI appartient à la maison de Lancastre, mais, contrairement à son père et à son grand-père, il n'est pas un grand soldat. Il ne fait rien pour empêcher les Français de remporter la guerre de Cent Ans et ne peut contrôler ses nobles. Il lui arrive aussi de souffrir de crises de folie.

Henri VI

Le conflit est ouvert

En 1454, le Parlement anglais accorde à Richard, le duc d'York, le droit de régner au nom du roi Henri VI. L'année suivante, quelques nobles menés par la reine s'opposent à cette régence. C'est le début des affrontements entre les deux maisons et leurs partisans.

Un roi yorkiste

Le symbole d'Édouard IV est une rose au cœur d'un soleil.

Après plusieurs batailles acharnées, Henri VI s'échappe en Écosse et le fils de Richard d'York, Édouard, est couronné roi d'Angleterre. Édouard IV régnera pendant 22 ans, mais devra combattre les Lancastriens pendant les 10 premières années de son règne.

Le « Faiseur de rois »

Dans un premier temps, le comte de Warwick fait couronner son cousin, Édouard IV. Ensuite il soutient Henri VI, qui tente de récupérer son trône. On l'a surnommé le « Faiseur de rois ».

Le comte de Warwick intrigue contre le roi Édouard IV. ★

Richard III

Édouard IV meurt alors que son fils aîné Édouard n'a que douze ans. C'est l'oncle de l'enfant, Richard, le duc de Gloucester, qui se proclame roi à sa place. Comme ils sont peu à oser l'affronter, il est couronné sous le nom de Richard III.

Richard III

Les princes de la Tour

Richard III ordonne qu'Édouard et son frère restent enfermés dans la Tour de Londres. Comme personne ne les reverra plus jamais, il est possible que le roi les ait fait tuer.

Les jeunes princes, peints par un artiste du XIXᵉ siècle

La fin de Richard III

Les Lancastriens sont déterminés à se débarrasser de Richard III. Ils lui ont d'ailleurs choisi un remplaçant, un membre de la maison de Lancastre, Henri Tudor. En 1484, les deux prétendants au trône s'opposent à la bataille de Bosworth Field. Richard III est battu et tué.

Henri Tudor à la tête de ses troupes contre Richard III

L'armée d'Henri Tudor compte environ 4 000 hommes.

Les nobles lancastriens soutiennent Henri Tudor.

Henri Tudor

Ils sont nombreux à rejoindre les troupes d'Henri Tudor.

Quelques nobles yorkistes ont abandonné le roi Richard pour rejoindre l'armée d'Henri Tudor.

Le premier Tudor

Henri Tudor est proclamé roi d'Angleterre sous le nom d'Henri VII. Il va unir les maisons de Lancastre et d'York en épousant Élisabeth d'York, fille d'Édouard IV. La guerre des Deux-Roses s'achève. Les Tudors régneront sur l'Angleterre jusqu'en 1603.

Dates importantes

1422-1461	Règne d'Henri VI
1455	Début de la guerre des Deux-Roses
1461-1483	Règne d'Édouard IV
1483	Édouard V devient roi, mais il ne sera jamais couronné.
1483-1485	Règne de Richard III
1485	Les Lancastriens l'emportent à la bataille de Bosworth Field. Fin de la guerre des Deux-Roses.
1485-1509	Règne d'Henri VII

EUROPE

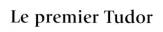

1100   1200   1300   1400   1500

Les envahisseurs mongols

Les Mongols sont des nomades qui parcourent les plaines d'Asie centrale. Ils vivent sous des tentes, les yourtes, et ne restent jamais au même endroit, toujours en quête de pâturages pour leurs animaux. Ils se révèlent cruels et sanguinaires au combat.

Yourte mongole

Gengis Khan

Gengis Khan

Vers 1180, un jeune guerrier mongol du nom de Témoudjin conduit des expéditions audacieuses contre d'autres tribus mongoles. Il devient le chef d'une puissante armée, qui peu à peu rassemble sous son autorité toutes les tribus. En 1206, elles le nomment Gengis Khan, « chef suprême ».

L'édification de l'empire

Menés par Gengis, les Mongols envahissent le nord de la Chine, puis les territoires de l'Est en décimant tout sur leur passage. Gengis instaure des lois que tous doivent suivre, crée un service postal et encourage le commerce.

À sa mort, ses fils et petits-fils héritent de son titre de khan (chef). Ils agrandissent l'empire en annexant des territoires en Chine, en Europe et dans le Moyen-Orient.

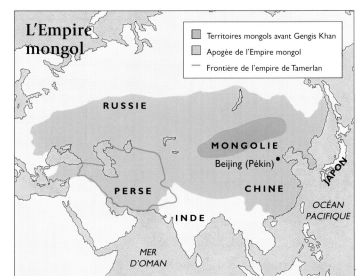

L'Empire mongol

- ▨ Territoires mongols avant Gengis Khan
- ▨ Apogée de l'Empire mongol
- — Frontière de l'empire de Tamerlan

RUSSIE

MONGOLIE
Beijing (Pékin) •

PERSE

CHINE

JAPON

INDE

OCÉAN PACIFIQUE

MER D'OMAN

Cette yourte est celle d'une des femmes du khan.

Les chameaux portent de lourdes charges.

Chevaux de remplacement pour les guerriers

Voici l'un des généraux du khan

Lance

Des gardes protègent le khan.

Le khan arbore une tenue dorée.

Les guerriers se servent d'arcs et de flèches, d'épées recourbées et de lances.

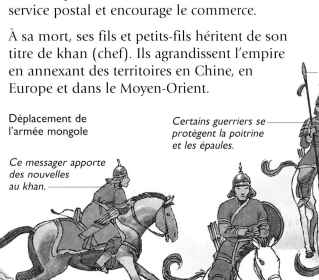

Déplacement de l'armée mongole

Ce messager apporte des nouvelles au khan.

Certains guerriers se protègent la poitrine et les épaules.

La selle des cavaliers mongols est haute et leurs étriers courts.

EXTRÊME-ORIENT

| 500 | 600 | 700 | 800 | 900 |

Kublai Khan

Kublai Khan est un des petits-fils de Gengis Khan. Il conquiert toute la Chine et fait de Beijing (Pékin) sa capitale. Par deux fois, il tente d'envahir le Japon, mais les Japonais lui résistent avec force. Il abandonne quand des vents violents (« les kamikazes ») détruisent sa flotte.

★ Kublai Khan

Guerriers japonais qui attaquent un navire de guerre mongol.
★

Bannière du khan

Une bannière composée de queues de chevaux flotte au vent. Quand les Mongols sont au combat, toutes les queues de la bannière sont noires.

Les plus grandes yourtes sont tirées sur des chariots. Les plus petites sont simplement pliées et chargées sur les animaux.

Yourte du khan

Catapulte

Il faut sans cesse enduire les roues du chariot de graisse d'animal.

Des bœufs tirent les plus grandes yourtes.

Lorsque l'armée charge, ces hommes frappent des tambours.

Tamerlan

Après le règne de Kublai Khan, l'Empire mongol s'effondre. Des querelles de famille affaiblissent ses chefs, et les peuples conquis se révoltent. En 1360, un chef mongol du nom de Tamerlan bâtit un nouvel empire. Il s'octroie des territoires en Perse, en Russie et en Inde. Mais l'empire ne lui survivra pas.

★

Tamerlan

Dates importantes

1162 Naissance de Témoudjin en Mongolie

1206 Témoudjin est proclamé Gengis Khan.

1206-1227 Gengis Khan fonde l'Empire mongol.

1259-1294 Règne de Kublai Khan

1279 Apogée de l'Empire mongol

1360-1405 Tamerlan bâtit un nouvel Empire mongol.

EXTRÊME-ORIENT

1100   1200   1300   1400   1500

Le triomphe des Turcs

Les Turcs forment un peuple de nomades venus d'Asie centrale. Vers 950, une tribu turque, les Seldjoukides, migre peu à peu vers l'ouest. Ils envahissent l'empire islamique, dont le souverain, alors sur le déclin, les accueille en sa capitale, Bagdad.

Territoires seldjoukides

TURQUIE
• Mantzikert
SYRIE
• Bagdad
Jérusalem •
PERSE
PALESTINE

ASIE
CENTRALE

☐ Territoires seldjoukides à leur apogée
— Frontières de l'Empire islamique
— Frontières de l'Empire byzantin

Guerriers seldjoukides

★

Les Seldjoukides vivent sous des tentes, les yourtes.

Cuirasse en métal qui protège la poitrine.

Tissu brodé

Les croisés se rebellent

Des Seldjoukides attaquent les chrétiens qui visitent la Terre sainte, et c'est le prétexte d'une guerre de religion. Le pape appelle à la croisade (guerre sainte) contre les Seldjoukides. En 1100, les croisés ont conquis une grande partie de la Palestine (voir page 42).

Des Seldjoukides attaquent des chrétiens.

Les conquêtes turques

Au cours des années 1050, les Seldjoukides envahissent l'Empire byzantin. Ils sont vainqueurs à Mantzikert et gagnent la Turquie. Beaucoup de Seldjoukides s'installent sur leurs nouvelles terres. Ils se conforment à la religion musulmane et bâtissent des mosquées. Plus tard, ils régneront aussi sur la Syrie et la Palestine (la Terre sainte).

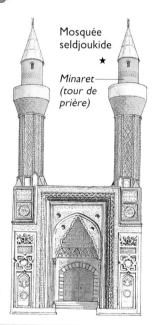

Mosquée seldjoukide

★

Minaret (tour de prière)

Danseur mystique seldjoukide, appelé derviche tourneur

La fin des Seldjoukides

En 1200, les Seldjoukides sont divisés en petits groupes dirigés par des princes rivaux, contre lesquels ils sont nombreux à se révolter. Quand des tribus de Mongols les attaquent, ils sont alors trop affaiblis pour riposter. En 1300, les Mongols ont conquis la plupart des terres seldjoukides, excepté la Turquie.

Soldats mongols

L'essor de l'Empire ottoman

En 1301, un prince turc du nom d'Osman se proclame sultan (roi) des Turcs. Il recrute une armée et conquiert plusieurs territoires. Ces victoires et celles de ses descendants vont donner naissance à l'Empire ottoman.

Osman Ier

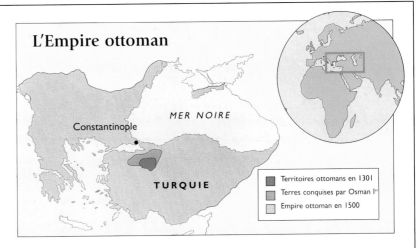

L'Empire ottoman

MER NOIRE

Constantinople

TURQUIE

Territoires ottomans en 1301
Terres conquises par Osman Ier
Empire ottoman en 1500

Gérer l'empire

Les sultans ottomans sont des dirigeants autoritaires ainsi que des soldats aguerris. Des lois sévères régissent leurs peuples. Sous leur règne, de magnifiques mosquées, des écoles et des bains s'élèvent dans les villes.

Bains publics construits pour un sultan

La chute de Constantinople

Peu à peu, les Ottomans gagnent du terrain sur l'Empire byzantin et, en 1453, ils s'emparent de Constantinople, la capitale (voir page 5). Sous le règne du sultan Mehmet II le Conquérant, Constantinople, qu'il renomme Istanbul, est reconstruite. Il en fait la capitale de l'Empire ottoman.

Ottomans qui défilent dans Constantinople après leur victoire.

Des bâtiments sont en feu.

Cavaliers

Le sultan Mehmet II

Gardes

Les Byzantins sont apeurés.

Prisonniers de guerre

Durant la bataille, de nombreux édifices ont été détruits.

Janissaires (fantassins)

Des musiciens annoncent la venue du sultan.

Dates importantes

1055 Les Seldjoukides entrent dans Bagdad.
1071 Victoire des Seldjoukides sur les Byzantins à Mantzikert
1099 Les croisés s'emparent d'une grande partie de la Palestine.
v. 1200-1300 Les mongols envahissent les territoires seldjoukides.
1301-1326 Sultanat d'Osman Ier
1451-1481 Sultanat de Mehmet II
1453 Constantinople tombe aux mains des Ottomans.

MOYEN-ORIENT

1100   1200   1300   1400   1500

Les royaumes d'Europe de l'Est

Au cours du VIᵉ siècle, des tribus de guerriers venues d'Asie migrent peu à peu vers l'ouest et pénètrent en Europe. Ce sont des païens, des non chrétiens. Sur leur passage, les populations européennes sont terrifiées.

Ces tribus fondent plusieurs royaumes belliqueux dans l'est de l'Europe. Ils durent peu de temps, cependant certains donneront naissance à de puissantes contrées chrétiennes.

Guerriers
venus d'Asie

L'Europe de l'Est

MER BALTIQUE

Tannenberg (Grünwald)

LITUANIE

RUSSIE

SAINT EMPIRE
ROMAIN

• Prague

• Lechfeld

Pologne
Hongrie
Bohême
Valachie
Territoire des
chevaliers
Teutoniques

Couronne portée par
Charles IV, roi de Bohême

Les Magyars en Hongrie

Dans les années 800, la tribu des Magyars s'empare de l'actuelle Hongrie. Ils se battent avec acharnement pour conquérir d'autres territoires, mais les Allemands arrêtent leur expansion en 955 à la bataille de Lechfeld (voir page 19).

Le Saint Empire romain

Après la victoire des Allemands, le pape fonde le Saint Empire romain et sacre le roi allemand empereur (voir page 19). En échange, celui-ci doit défendre l'Europe chrétienne contre les invasions des tribus païennes.

Le royaume de Hongrie

En 975, le chef magyar Géza se convertit au christianisme et, en 1001, le pape couronne son fils, Étienne. Étienne Iᵉʳ crée un royaume pacifique aux lois justes. Sous son règne, la majorité des Magyars se convertissent. Chrétien exemplaire, Étienne sera canonisé (fait saint).

Le roi Étienne Iᵉʳ de Hongrie à la tête d'une procession religieuse

★

Des églises
sont érigées
dans toute
la Hongrie.

Les évêques et les
prêtres accompagnent
leur roi.

Dracula, comte de Transylvanie

La Transylvanie fait partie du royaume montagneux de Valachie. Au XVe siècle, elle est gouvernée par le comte Vlad Tepes, renommé pour sa cruauté. Son surnom d'« Empaleur » n'est d'ailleurs pas usurpé : il a fait transpercer d'un pieu (empaler) des milliers de gens.
Il est plus connu sous le nom de Dracula, chevalier de l'ordre du Dragon, dracul voulant dire « démon » en roumain.

Le comte Dracula

Le royaume de Bohême

C'est une tribu de Slaves qui fonde le royaume de Bohême (dans l'actuelle République tchèque) dans les années 800. Il prospère et, en 1355, le pape sacre Charles IV, roi de Bohême, Saint Empereur romain. Charles IV fait de Prague la capitale de l'empire.

Les chevaliers Teutoniques

Le royaume chrétien de Pologne, menacé au nord par les Prussiens, qui sont païens, demande de l'aide aux chevaliers Teutoniques. Ce sont des moines-soldats germains qui ont combattu lors des croisades.

Les Teutoniques conquièrent les Prussiens et s'emparent de leurs terres. Par la même occasion, ils tentent d'accaparer des territoires en Pologne, en Russie et en Lituanie. En fin de compte, les Polonais l'emportent à la bataille de Tannenberg.

Les chevaliers Teutoniques à l'assaut d'un village prussien

Les chevaliers mettent le feu au village.

Tout Prussien qui refuse de se convertir au christianisme est tué.

Les chevaliers traversent le lac à l'aide de radeaux.

Des Prussiens sont faits prisonniers.

Ces Prussiens s'enfuient dans la forêt.

Dates importantes

955 Les Allemands l'emportent sur les Magyars à Lechfeld. Le pape crée le Saint Empire romain.

1001 Le pape reconnaît le royaume chrétien de Hongrie.

1224-1239 Les chevaliers Teutoniques conquièrent la Prusse.

1355-1378 Charles IV, roi de Bohême, est fait Saint Empereur romain.

1410 Les Polonais battent les chevaliers Teutoniques à Tannenberg (Grünwald).

EUROPE

1100   1200   1300   1400   1500

Le peuple russe

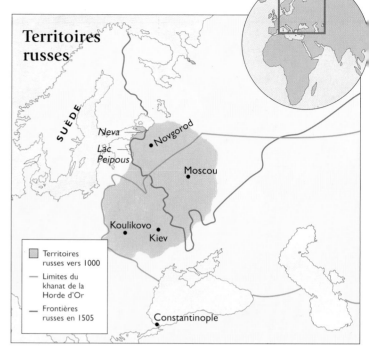

Territoires russes

Navire viking

Vers 700, des Vikings venus de Suède commencent à remonter les fleuves en direction de l'ouest de la Russie. Au début, ils attaquent les Slaves qui habitent ces régions, puis peu à peu ils s'installent et bâtissent des villes.

Riourik Ier

Vers 862, Riourik, un chef viking, s'empare de la ville slave de Novgorod et de ses environs. Ses successeurs, appelés les Russes, donnent le nom de Russie au pays. Les Russes agrandissent leur territoire et, en 882, Kiev devient leur capitale.

La ville de Novgorod

SUÈDE

Neva
Lac Peipous
• Novgorod
• Moscou
Koulikovo •
• Kiev
• Constantinople

☐ Territoires russes vers 1000
— Limites du khanat de la Horde d'Or
— Frontières russes en 1505

Vladimir Ier, dit le Saint

En 980, Vladimir Ier devient grand-prince de Kiev et impose le christianisme à son peuple par le baptême (cérémonie pendant laquelle le baptisé est immergé pour signifier un nouveau commencement). Devant le nombre impressionnant de conversions, à sa mort, il sera canonisé.

Le prince Vladimir

Le baptême des Russes

Iaroslav le Sage

Le fils de Vladimir, Iaroslav, fait de Kiev une cité prospère. Il encourage les arts et l'éducation. Il crée un gouvernement fort et dépêche des marchands jusqu'à Constantinople. On le connaîtra plus tard sous le nom de « Iaroslav le Sage ».

La cathédrale Sainte-Sophie de Kiev a été construite sous Iaroslav le Sage.

Des soldats obligent la population à s'immerger.

EUROPE

| 500 | 600 | 700 | 800 | 900 |

Les Tatars

Les successeurs de Iaroslav le Sage sont faibles et, en 1240, des tribus de Mongols, connus en Russie sous le nom de Tatars, s'emparent de Kiev. Ils réussissent à créer un vaste royaume, appelé le khanat de la Horde d'Or. Ils obligent les princes russes à leur payer un lourd tribut (de grosses sommes d'argent).

★

Guerrier tatar

Les victoires de Nevski

Pendant que les Tatars envahissent les territoires du Sud, au nord, les Russes s'opposent à l'armée suédoise sur les rives de la Neva et repoussent les envahisseurs germains au lac Peipous. Leur chef, Alexandre, devient un héros et prend le surnom de Nevski (du fait de sa victoire sur la Neva).

Nevski mène ses hommes au combat.

★

La Moscovie

Le fils de Nevski, Daniel, est fait prince de Moscou en 1280. Durant les deux prochains siècles, les princes de Moscou vont fonder le puissant royaume de la Moscovie. Moscou devient la ville la plus importante de la Russie et, en 1328, le siège de l'Église russe s'y installe.

Les artistes moscovites peignent de merveilleuses images saintes, les icônes.

Le déclin des Tatars

Dans les années 1350, les Tatars se combattent entre eux et leur royaume s'effrite. En 1380, ils sont vaincus par les Moscovites à Koulikovo, dans le sud du pays.

Ivan le Grand

Le prince Ivan III de Moscou met un terme à la puissance tatare. Il conquiert la ville de Novgorod et continue son expansion. En 1480, il se proclame tsar (empereur) de toutes les Russies et refuse de payer aux Tatars leur tribut. Il fait bâtir de nombreux et somptueux édifices dans sa capitale, Moscou.

Ivan le Grand, premier tsar de toutes les Russies

La cathédrale de l'Annonciation bâtie à Moscou sous le règne d'Ivan le Grand

★

Dates importantes

v. 700	Arrivée des Vikings en Russie
v. 862	Riourik crée un royaume russe.
1240	Bataille de la Neva entre Russes et Suédois
v. 1250-1480	Les Tatars contrôlent le sud de la Russie.
1380	Les Moscovites battent les Tatars à Koulikovo.
1480-1505	Règne d'Ivan le Grand

EUROPE

1100 1200 1300 1400 1500

59

ESPAGNE : v. 700-1500

L'Espagne sous la domination musulmane. Pour le lien vers ce site, connecte-toi à : www.usborne-quicklinks.com/fr

La conquête de l'Espagne

En 711, une armée de conquérants musulmans d'Afrique du Nord, les Maures, passent le détroit de Gibraltar et entrent dans le sud de l'Espagne. Le pays est dirigé depuis 200 ans par les Wisigoths (voir page 6), mais ceux-ci, affaiblis, opposent peu de résistance.

Guerrier maure

L'Espagne

FRANCE

Cordoue

Grenade

— Frontière de l'Andalousie en 1000
☐ Aragon
☐ Grenade
☐ León et Castille
☐ Navarre
☐ Portugal
☐ Valence
Principaux royaumes d'Espagne en 1250

AFRIQUE DU NORD

Les Maures vont au nord

En 718, les Maures ont conquis toute l'Espagne excepté les royaumes montagneux du Nord. Ils ont aussi marché sur la France, mais, en 732, Charles Martel et son armée de Francs l'emportent à la bataille de Poitiers et les repoussent lentement vers le sud de l'Espagne.

Francs qui combattent des Maures.

Maures

Francs

Le savoir et l'art de vivre

Les Maures d'Andalousie sont reconnus pour leur art de vivre. Ils étudient les sciences, les mathématiques et l'astronomie. Ils composent de la musique et écrivent de la poésie. Ils aiment aussi les jeux, surtout les échecs.

Maures qui jouent aux échecs.

Le royaume de l'Andalousie

Les Maures créent un royaume musulman dans le sud de l'Espagne, l'Andalousie. Marchands et bâtisseurs nés, leur capitale, Cordoue, devient l'une des villes les plus riches de l'Europe de l'époque.

La Grande Mosquée de Cordoue

L'essor des royaumes chrétiens

Vers 1000, l'Andalousie est sur le déclin. Elle est divisée en plusieurs royaumes. À la même époque, les royaumes chrétiens du Nord qui n'ont pas été conquis se renforcent. En 1037, le León et la Castille s'unissent, et l'Aragon et la Navarre acquièrent davantage de puissance. En 1139 se crée le royaume du Portugal.

★

Roi du León

La reconquête des chrétiens

Pendant plus de 450 ans, les souverains des royaumes chrétiens tentent de chasser les Maures hors d'Espagne. Les chrétiens progressent peu à peu vers le sud et reprennent des villes. Cette longue lutte pour les territoires espagnols s'appelle la Reconquista (la « Reconquête »).

Armée chrétienne sur le point de livrer bataille.

El Cid

Le plus illustre de tous les soldats de la Reconquista est Rodrigo Diaz, dit El Cid, « le Seigneur ». Il mène des incursions intrépides en terre musulmane et prend le royaume de Valence, dont il devient le souverain. En 1636, le poète dramatique français Corneille en fera une tragédie, « Le Cid ».

El Cid

Le royaume de Grenade

En 1250, les chrétiens ont reconquis toute l'Espagne, à l'exception du royaume musulman de Grenade, car les sultans (chefs musulmans) paient un lourd tribut (un impôt) aux rois du León et de la Castille. Ce n'est qu'en 1492 que le royaume sera finalement repris.

★
Sultan de Grenade

Tente de guerre ou pavillon

Les nobles accompagnent l'armée.

Chevaliers et nobles arborent des tenues luxueuses.

Fantassins armés d'une arbalète et d'une hache

Chevaliers sur leur destrier

Tambour

Porte-étendard

Les hérauts soufflent dans leur trompette.

Palais de l'Alhambra, à Grenade

Dates importantes

711	Les Maures envahissent l'Espagne.
v. 730	Les Maures contrôlent presque tout le territoire espagnol.
732	Charles Martel arrête les Maures à Poitiers.
v. 1000	En Espagne, le pouvoir des Maures décline.
1037-1492	Reconquête de l'Espagne par les chrétiens (Reconquista)

1100   1200   1300   1400   1500

Les conquérants d'Afrique du Nord

Les territoires situés le long des côtes d'Afrique du Nord étaient parmi les plus riches de l'Empire romain. En 429, ils sont envahis par les Vandales (voir page 6), qui obligent les populations d'Afrique du Nord à leur payer de lourds impôts, et laissent se dégrader les villes romaines.

L'Afrique du Nord

TURQUIE
MER MÉDITERRANÉE   SYRIE
AFRIQUE DU NORD   • Le Caire
ÉGYPTE
Désert du Sahara   ARABIE

Mosaïque représentant un Vandale

☐ Territoire musulman en 1500
— Limites de l'Égypte

Villa romaine en Afrique du Nord

Les dirigeants byzantins

En 533, l'empereur byzantin Justinien repousse les Vandales hors d'Afrique. Pendant les 150 prochaines années, les dirigeants byzantins vont tenter de restaurer l'art de vivre romain.

Pièce de monnaie à l'effigie de l'empereur Justinien

Les envahisseurs arabes

Les Arabes envahissent l'Afrique du Nord en 697 et, en 750, ces territoires font partie de l'empire arabe musulman. Ils sont d'abord contrôlés par un calife (chef arabe), puis les souverains locaux y fondent leur propre royaume musulman.

Envahisseurs arabes

Les Fatimides d'Égypte

En 969, un groupe de musulmans syriens, les Fatimides, s'emparent de l'Égypte. Ils fondent alors un royaume indépendant, dont la capitale, Le Caire, s'enrichit. Les Fatimides vont régner pendant 200 ans, jusqu'à leur conquête par le chef arabe Saladin (voir page 42).

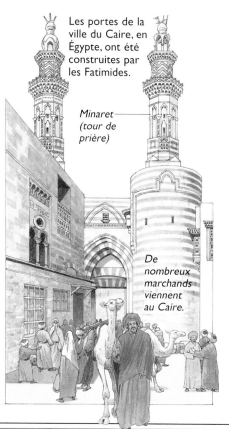

Les portes de la ville du Caire, en Égypte, ont été construites par les Fatimides.

Minaret (tour de prière)

De nombreux marchands viennent au Caire.

Les mamelouks d'Égypte

Les descendants de Saladin gardent le pouvoir pendant 80 ans mais, en 1250, les mamelouks, des Turcs musulmans, anciens esclaves dans l'armée de Saladin, l'emportent. Le chef le plus connu des mamelouks est le sultan Baibars, qui empêche les Mongols d'envahir l'Afrique.

Guerrier mamelouk

Dates importantes

429-533	L'Afrique du Nord est aux mains des Vandales.
533-697	Elle est contrôlée par les Byzantins, puis conquise par les Arabes en 697.
750	L'Afrique du Nord fait partie de l'empire arabe.
969-1171	Domination des Fatimides sur l'Égypte
1250-1517	Domination des mamelouks sur l'Égypte
1261	Les mamelouks repoussent les Mongols.

AFRIQUE DU NORD
AFRIQUE DE L'EST
500   600   700   800   900

AFRIQUE

AFRIQUE DE L'EST : v. 1000-1500

Lalibela (Éthiopie) et ses églises. Pour le lien vers ce site, connecte-toi à : www.usbornequicklinks.com/fr

Les cités d'Afrique de l'Est

Vers l'an 1000, des ports actifs se développent sur les côtes d'Afrique de l'Est (voir la carte). Ils attirent des marchands venus d'Arabie, d'Inde et de Chine, qui apportent avec eux outils, tissus, verre et porcelaine. En échange, les Africains vendent de l'or, de l'ivoire, des esclaves et même des animaux sauvages.

Cette girafe est un cadeau des Africains de l'Est à l'empereur de Chine.

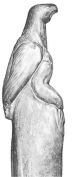

Oiseau de pierre provenant du Grand Zimbabwe

La cité de l'or

De tout le sud-est de l'Afrique, on apporte de l'or à la cité du Grand Zimbabwe, qui le redistribue vers les ports côtiers. Les chefs du Grand Zimbabwe deviennent riches et puissants. Ils vivent dans une forteresse érigée au centre de la cité.

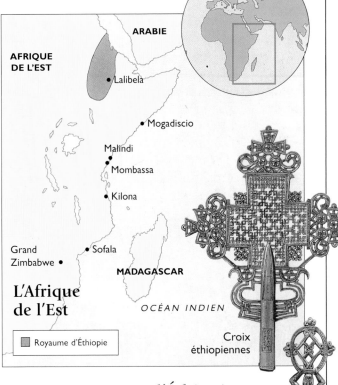

L'Afrique de l'Est

☐ Royaume d'Éthiopie

Croix éthiopiennes

Le royaume d'Éthiopie

Le royaume chrétien d'Éthiopie est fondé vers 1000. Le roi Lalibela croit que Dieu lui a ordonné de creuser des églises dans la roche de son pays. Il fait ainsi ériger onze célèbres églises monolithes et donne son nom à la capitale du royaume.

L'une des églises monolithes du roi Lalibela

Forteresse du Grand Zimbabwe

Ici se tiennent des cérémonies religieuses.

Les maisons sont faites d'argile et de graviers. Le toit est en herbe.

Les murs extérieurs sont de durs blocs de granite.

Dates importantes

v. 1000	Création du royaume d'Éthiopie
v. 1000-1200	Développement de ports marchands le long de la côte est de l'Afrique
1200-1230	En Éthiopie, le roi Lalibela fait construire des églises.
v. 1350	Apogée du Grand Zimbabwe

AFRIQUE

1100   1200   1300   1400   1500

Les royaumes occidentaux

En 800, des marchands arabes venus d'Afrique du Nord ont déjà traversé le désert du Sahara pour commercer avec les peuples d'Afrique de l'Ouest. Ceux-ci s'enrichissent par leurs échanges d'or, d'ivoire (de défense d'éléphant) et aussi d'esclaves. De nombreux royaumes prospèrent à cette époque (voir carte).

Marchands arabes

Les royaumes de l'or

Entre 300 et 1600, trois grands royaumes prospèrent puis déclinent dans cette région au sud du Sahara : il s'agit du royaume du Ghana, puis de l'empire du Mali, enfin de l'Empire songhaï. Les peuples de ces royaumes creusent la roche pour trouver de l'or et leurs chefs deviennent fabuleusement riches.

Roche qui contient de l'or.

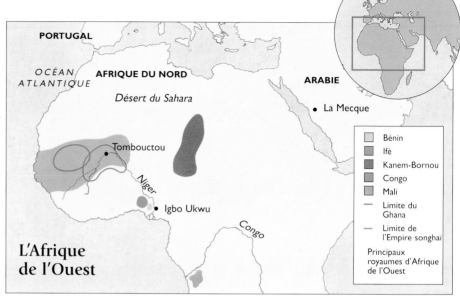

L'Afrique de l'Ouest

PORTUGAL
OCÉAN ATLANTIQUE
AFRIQUE DU NORD
Désert du Sahara
Tombouctou
Niger
Igbo Ukwu
Congo
ARABIE
• La Mecque

- Bénin
- Ifé
- Kanem-Bornou
- Congo
- Mali
- Limite du Ghana
- Limite de l'Empire songhaï

Principaux royaumes d'Afrique de l'Ouest

La cité de Tombouctou

À l'époque, Tombouctou est l'une des villes les plus importantes du Mali, avec un grand palais royal, une célèbre université et de nombreuses mosquées. Les lettrés musulmans viennent de toute l'Afrique de l'Ouest pour y étudier.

Vue partielle de la cité de Tombouctou

La cité est entourée d'un haut mur.

Mansa Moussa, roi du Mali

Le plus connu de tous les chefs de l'Afrique de l'Ouest d'alors est le roi du Mali, Mansa Moussa. C'est un chef musulman intransigeant mais juste. Lors de son pèlerinage (voyage religieux) à La Mecque, en Arabie, il distribue de l'or sur son chemin.

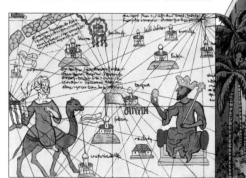

Mansa Moussa en compagnie d'un marchand arabe

Les pauvres habitent des huttes aveugles.

Les riches vivent dans de grandes maisons avec des ouvertures.

Puits

Toutes les maisons sont en pisé (terre argileuse).

Les rois des forêts

En 800, plusieurs royaumes s'établissent dans les forêts autour de l'embouchure du Niger. La plupart de ces rois sont aussi prêtres. On a retrouvé à Igbo Ukwu une chambre funéraire qui montre comment les rois étaient enterrés.

Coupe de la chambre funéraire d'un roi

Le royaume d'Ifé

Le royaume forestier d'Ifé se développe vers l'an 1000. La population est experte dans le travail des métaux : elle découvre une façon de modeler des figurines dans le bronze. La population d'Ifé représente ses anciens chefs, dont elle prie les figurines.

★

Tête en bronze d'un chef d'Ifé

Le royaume du Bénin

Le plus riche de tous ces royaumes est celui du Bénin. Ses artisans sculptent délicatement l'ivoire et font de grandioses statues en bronze. Leur chef, ou oba, vit dans un palais somptueux où se tiennent des cérémonies religieuses complexes.

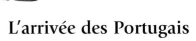

Joueur de tambour au palais du oba

L'arrivée des Portugais

En 1445, des navires portugais entrent dans l'embouchure du Congo. Pendant les 50 prochaines années, les Portugais vont édifier des villes commerçantes sur les côtes d'Afrique de l'Ouest et certains des royaumes forestiers africains, comme celui du Bénin, vont s'enrichir grâce au commerce avec le Portugal.

Navire marchand portugais, ou caravelle

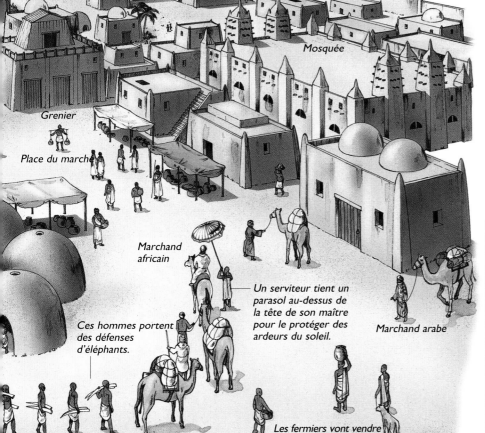

Mosquée

Grenier

Place du marché

Marchand africain

Un serviteur tient un parasol au-dessus de la tête de son maître pour le protéger des ardeurs du soleil.

Ces hommes portent des défenses d'éléphants.

Marchand arabe

Les fermiers vont vendre leurs produits au marché.

Dates importantes

v. 300-1200 Royaume du Ghana
v. 800-1000 Royaume d'Igbo Ukwu
v. 1000-1450 Royaume d'Ifé
v. 1000-1897 Royaume du Bénin
v. 1200-1500 Empire du Mali
v. 1312-1337 Mansa Moussa roi du Mali
v. 1350-1600 Empire songhaï
v. 1450 Début des échanges commerciaux entre le Portugal et l'Afrique de l'Ouest

AFRIQUE

1100   1200   1300   1400   1500

65

La conquête du nord de l'Inde

Vers l'an 550, l'Inde se divise en petits royaumes, dirigés par des rois hindous qui vénèrent plusieurs dieux. Les royaumes du Sud s'imposeront pendant les mille prochaines années tandis que ceux du Nord seront peu à peu conquis par les musulmans.

Roi indien

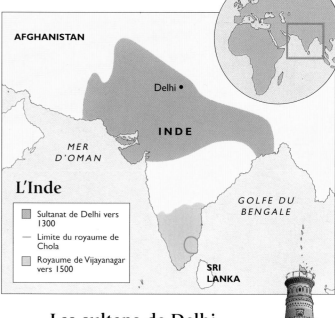

AFGHANISTAN

Delhi •

INDE

MER D'OMAN

GOLFE DU BENGALE

SRI LANKA

L'Inde

■ Sultanat de Delhi vers 1300

— Limite du royaume de Chola

□ Royaume de Vijayanagar vers 1500

Les envahisseurs musulmans

Les armées arabes commencent à envahir le nord-ouest de l'Inde en 711. Les Arabes fondent plusieurs paisibles royaumes musulmans, mais, vers 1000, Mahmoud de Ghazni lance une série d'incursions sur l'Inde à partir de l'Afghanistan. Presque 200 ans plus tard, un autre Afghan, Mohamed de Ghor, conquiert une grande partie du Nord. Il tue des centaines d'Indiens et détruit de nombreux temples hindous.

Combat entre troupes indiennes et envahisseurs afghans

Temple hindou

Les Afghans montent des chevaux rapides.

Les Afghans encerclent les Indiens.

Les éléphants de guerre des Indiens se déplacent lentement.

Les sultans de Delhi

En 1206, un soldat turc du nom d'Aibak prend le contrôle du nord de l'Inde et s'autoproclame sultan (roi) de Delhi. Les sultans vont se succéder pendant les 300 prochaines années. Ils sont cruels, mais bâtissent de merveilleux édifices.

Le sultan Aibak a fait bâtir cette tour pour célébrer ses victoires.

Les agresseurs mongols

En 1398, Tamerlan, le chef des Mongols, s'attaque avec sauvagerie à la cité de Delhi. Les Mongols massacrent les populations et laissent les sultans affaiblis.

Les royaumes du sud de l'Inde

Les rois hindous du Sud vivent dans de magnifiques palais entourés de temples très élevés. De saints hommes, les brahmanes, aident les rois à gouverner. Des centaines de serviteurs travaillent dans ces palais et ces temples.

Roi indien et sa cour
★

Temple hindou

Des serviteurs éventent le roi.

Roi

De saints hommes, les brahmanes, conseillent le roi.

Musiciens

Des danseurs exécutent une danse sacrée.

Le royaume de Chola

Chola est l'un des plus prospères royaumes du Sud. Ses rois ont bâti un grand empire et envoyé des marchands en Arabie et en Chine. Ses artisans sont réputés pour leurs délicates statues de bronze.

Statue de Chola représentant un dieu hindou ★

Le royaume de Vijayanagar

Vers 1300, les sultans musulmans de Delhi attaquent le sud de l'Inde et gagnent rapidement du terrain jusqu'en 1336, quand deux frères créent le nouveau royaume hindou de Vijayanagar. La jeune armée royale vainc bientôt les musulmans. Vijayanagar devient le plus puissant des royaumes du Sud.

Dates importantes

711	Début des invasions arabes dans le nord de l'Inde
886-1267	Les rois de Chola contrôlent presque tout le sud de l'Inde.
1001-1026	Mahmoud de Ghazni mène des incursions dans le Nord.
1193	Conquête du nord de l'Inde par Mohamed de Ghor
1206-1526	Les sultans de Delhi contrôlent presque tout le nord de l'Inde.
1336-1565	Le royaume de Vijayanagar prospère.
1398	Les Mongols envahissent le Nord.

Les enseignants bouddhistes

Les rois du sud de l'Inde sont de religion hindoue, mais ils permettent aux moines bouddhistes de fonder des universités et d'enseigner leur religion. Le bouddhisme se répand dans tout le Sud-Est asiatique et de nombreux bouddhistes chinois viennent étudier en Inde.

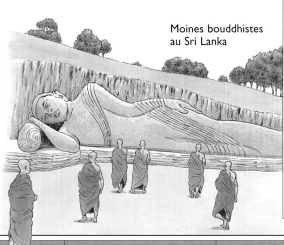

Moines bouddhistes au Sri Lanka

ASIE DU SUD

1100   1200   1300   1400   1500

Les royaumes d'Asie du Sud-Est

C'est au cours du IIe siècle que des marchands indiens arrivent en Asie du Sud-Est. Les populations locales apprennent un nouvel art de vivre et fondent de petits royaumes semblables à ceux de l'Inde d'alors. Les années 800 voient la naissance de plusieurs puissants royaumes sur le continent et dans les îles du Sud-Est asiatique.

Un roi du royaume de Sukhothai

L'Asie du Sud-Est

	Royaume de Pagan
	Royaume de Sukhothai
	Royaume khmer
	Royaume du Champa
	Royaume de Srivijaya
	Royaume de Sailendra

Les hindous

Venue de l'Inde, la religion hindoue se propage dans le Sud-Est asiatique, et les rois bâtissent de magnifiques temples où l'on peut vénérer les divinités hindoues. On prie aussi les rois, qui sont considérés comme des dieux.

On apporte toutes sortes de présents au temple hindou.

Les bouddhistes

Vers l'an 300, les moines bouddhistes indiens exportent leur religion dans le Sud-Est asiatique. Le bouddhisme est populaire, mais il ne détruit pas la religion hindoue : les royaumes possèdent souvent des temples hindous et bouddhistes.

Statue représentant Bouddha (royaume de Sukhothai)

Les royaumes guerriers

Les rois du Sud-Est asiatique se font souvent la guerre. Parfois, les guerriers naviguent sur de longues distances, en mer ou sur les fleuves, pour en attaquer d'autres par surprise.

Guerriers du royaume du Champa qui remontent un cours d'eau à la rame.

EXTRÊME-ORIENT

500   600   700   800   900

Le royaume khmer

En Asie du Sud-Est, ce sont les Khmers qui possèdent le plus grand royaume. Dans leur capitale, Angkor, loge un demi-million de personnes. Située près d'un lac, elle permet aux habitants de creuser des réservoirs pour retenir l'eau des inondations et aux fermiers d'utiliser cette eau pour cultiver du riz toute l'année.

Procession dans la cité d'Angkor

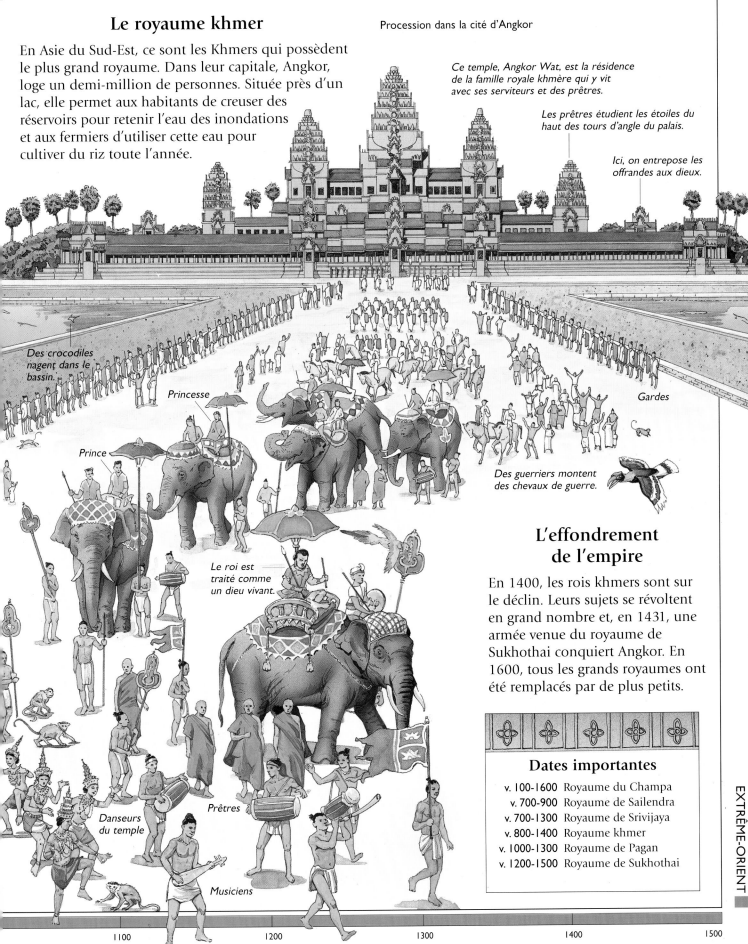

Ce temple, Angkor Wat, est la résidence de la famille royale khmère qui y vit avec ses serviteurs et des prêtres.

Les prêtres étudient les étoiles du haut des tours d'angle du palais.

Ici, on entrepose les offrandes aux dieux.

Des crocodiles nagent dans le bassin.

Princesse

Gardes

Prince

Des guerriers montent des chevaux de guerre.

Le roi est traité comme un dieu vivant.

Danseurs du temple

Prêtres

Musiciens

L'effondrement de l'empire

En 1400, les rois khmers sont sur le déclin. Leurs sujets se révoltent en grand nombre et, en 1431, une armée venue du royaume de Sukhothai conquiert Angkor. En 1600, tous les grands royaumes ont été remplacés par de plus petits.

Dates importantes

v. 100-1600   Royaume du Champa
v. 700-900   Royaume de Sailendra
v. 700-1300   Royaume de Srivijaya
v. 800-1400   Royaume khmer
v. 1000-1300   Royaume de Pagan
v. 1200-1500   Royaume de Sukhothai

EXTRÊME-ORIENT

| 1100 | 1200 | 1300 | 1400 | 1500 |

Les dynasties chinoises

En 581, la Chine est dirigée par la dynastie (famille de souverains) des Sui. Les empereurs Sui construisent un réseau de canaux qui permettent aux marchands de commercer dans le pays.

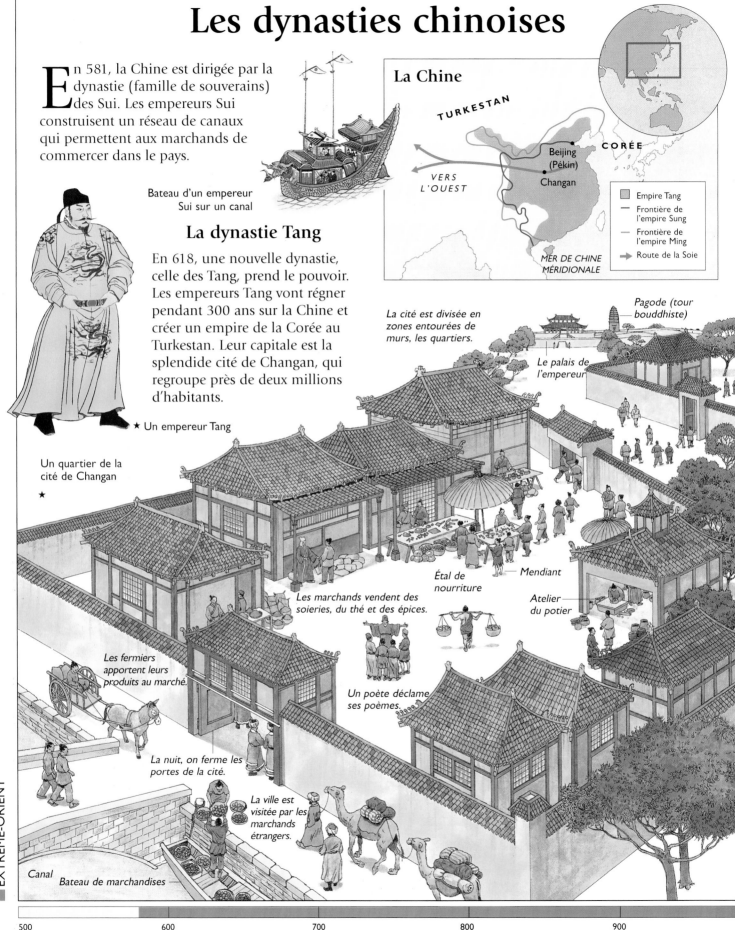

Bateau d'un empereur Sui sur un canal

La Chine

TURKESTAN

VERS L'OUEST

Beijing (Pékin)

Changan

CORÉE

MER DE CHINE MÉRIDIONALE

☐ Empire Tang
— Frontière de l'empire Sung
— Frontière de l'empire Ming
➔ Route de la Soie

La dynastie Tang

En 618, une nouvelle dynastie, celle des Tang, prend le pouvoir. Les empereurs Tang vont régner pendant 300 ans sur la Chine et créer un empire de la Corée au Turkestan. Leur capitale est la splendide cité de Changan, qui regroupe près de deux millions d'habitants.

★ Un empereur Tang

Un quartier de la cité de Changan

★

La cité est divisée en zones entourées de murs, les quartiers.

Pagode (tour bouddhiste)

Le palais de l'empereur

Les marchands vendent des soieries, du thé et des épices.

Étal de nourriture

Mendiant

Atelier du potier

Les fermiers apportent leurs produits au marché.

Un poète déclame ses poèmes.

La nuit, on ferme les portes de la cité.

La ville est visitée par les marchands étrangers.

Canal

Bateau de marchandises

Les inventions sous les Tang

Durant la période Tang, les Chinois découvrent la poudre à canon et la porcelaine. C'est aussi les débuts de l'imprimerie avec des tampons de bois.

Au début, la poudre à canon sert uniquement à fabriquer des feux d'artifice.

La dynastie Sung

En 900, l'empire Tang décline et, en 960, la dynastie Sung lui succède. Sous les Sung, la Chine s'ouvre peu au monde extérieur. Cependant, la production de porcelaine et de peintures est toujours de qualité.

Les artistes Sung peignent souvent des scènes de la vie quotidienne.

La dynastie Ming

En 1368, Zhou Yuanzhang, un moine bouddhiste, mène la rébellion contre les Mongols. C'est le début de la dynastie Ming. Les empereurs Ming renforcent l'armée et encouragent le commerce, les arts et l'exploration. Ils dirigent l'empire depuis Beijing (Pékin), qui devient l'une des plus grandes villes du monde.

La ★ porcelaine Ming est réputée pour ses délicats motifs.

Des marchands aventureux

★
Navire marchand chinois, ou jonque

Les marchands chinois se déplacent par bateau jusqu'en Afrique. Sur terre, ils suivent la route de la Soie et échangent des soieries, de la porcelaine et du papier avec le Moyen-Orient et l'Europe.

Les envahisseurs mongols

En 1211, des tribus mongoles envahissent peu à peu la Chine et, en 1279, leur chef, Kublai Khan, est proclamé empereur (voir page 53). Un marchand venu de Venise, Marco Polo, lui rend visite. Plus tard, il mettra par écrit ses voyages en Chine.

Marco Polo au palais du Kublai Khan

Marco Polo offre des présents.

Kublai Khan

Gardes   *Courtisans chinois*

Dates importantes

581-617 Dynastie Sui
618-906 Dynastie Tang
960-1279 Dynastie Sung
1275-1292 Marco Polo se rend en Chine.
1280-1368 La Chine est sous domination mongole.
1368-1644 Dynastie Ming

1100   1200   1300   1400   1500

EXTRÊME-ORIENT

Le pays des samouraïs

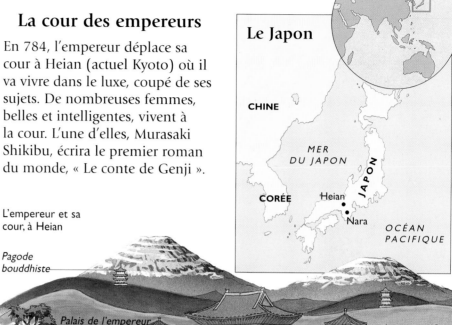

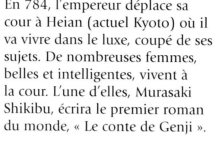

L'empereur et sa
cour, à Heian

Le Japon

CHINE

MER
DU JAPON

CORÉE   Heian

Nara

OCÉAN
PACIFIQUE

JAPON

Pagode de
style chinois,
à Nara

En l'an 500, presque tout le territoire japonais est dirigé par une famille d'empereurs, les Yamato. Ceux-ci admirent la façon de gouverner des empereurs de Chine et bâtissent leur capitale, Nara, comme la cité chinoise de Changan (voir pages 70 et 71).

La cour des empereurs

En 784, l'empereur déplace sa cour à Heian (actuel Kyoto) où il va vivre dans le luxe, coupé de ses sujets. De nombreuses femmes, belles et intelligentes, vivent à la cour. L'une d'elles, Murasaki Shikibu, écrira le premier roman du monde, « Le conte de Genji ».

Shintoïsme et bouddhisme

Entrée d'un
sanctuaire
shintoïste

Le shintoïsme est la religion locale du Japon. Les disciples du shintoïsme croient que les esprits vivent dans les rochers, les arbres et les rivières. Vers l'an 600, des moines bouddhistes venus de Chine et de Corée apportent leur religion au Japon. Si le bouddhisme se répand vite, le shintoïsme ne disparaît pas.

Statue
japonaise
de Bouddha

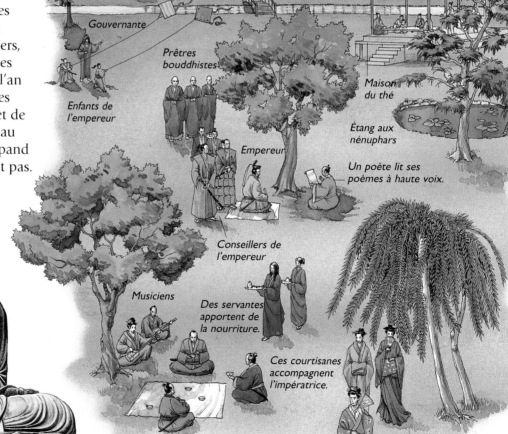

Pagode
bouddhiste

Palais de l'empereur

Gouvernante

Prêtres
bouddhistes

Enfants de
l'empereur

Empereur

Maison
du thé

Étang aux
nénuphars

Un poète lit ses
poèmes à haute voix.

Conseillers de
l'empereur

Musiciens

Des servantes
apportent de
la nourriture.

Ces courtisanes
accompagnent
l'impératrice.

Les courtisans boivent du thé.   Impératrice

Nobles et shogouns

Peu à peu, les empereurs distribuent des terres aux familles nobles. Au début, la famille Fujiwara est très influente, mais, en 1192, elle est supplantée par les Minamoto. L'empereur fait de Minamoto Yoritomo le premier shogoun, ou général en chef des armées. Les shogouns resteront les véritables dirigeants du Japon pendant 700 ans.

Minamoto Yoritomo, le premier shogoun

Le théâtre nô

Pour distraire les nobles japonais, des acteurs jouent des drames lyriques, les nô, qui rassemblent musique, chant, danse et poésie. Tous les acteurs sont des hommes. Ils portent un masque afin de montrer au public le personnage qu'ils incarnent.

Masques nô

Les métiers au Japon

Les fermiers cultivent le riz dans des champs inondés, les rizières.

La plupart des Japonais sont des riziculteurs qui travaillent sur les terres de leur seigneur. D'autres sont pêcheurs, menuisiers, mineurs, fabricants de papier, de soieries et d'épées. Les fermiers et les artisans vont vendre leurs produits dans les villes.

Fabricants d'épée qui aiguisent des lames.

Les samouraïs

Les shogouns se fient à leurs seigneurs pour administrer le pays. Chaque seigneur possède une armée de guerriers, appelés des samouraïs. Ils combattent bravement et sont prêts à mourir pour leur seigneur. Il leur arrive de repousser les envahisseurs mongols (voir page 53).

Samouraïs à cheval en pleine bataille

★

Plaque protectrice en cuir

Sandale de paille

Lance

Certains portent des masques.

Casque orné de cornes

Épée courte

Épée longue

Les samouraïs montent de robustes chevaux des montagnes.

Flèches à pointe en pierre

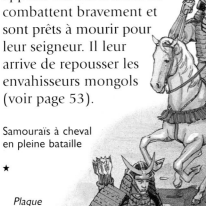

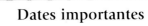

Dates importantes

500	Une grande partie du Japon est contrôlée par les empereurs Yamato.
710	Nara devient la capitale du Japon.
794	Heian capitale du Japon.
858-1160	Les Fujiwara contrôlent le Japon.
1192	Minamoto Yoritomo devient le premier shogoun.
1274-1281	Tentative d'invasion du Japon par les Mongols

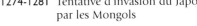

EXTRÊME-ORIENT

Explorateurs et navigateurs

RUSSIE

Venise

Fès

La Mecque

ARABIE

AFRIQUE

Beijing

Nankin

CHINE

Changan

INDE

Marco Polo
rapporte le gingembre
de Chine.

OCÉAN PACIFIQUE

OCÉAN INDIEN

INDONÉSIE

Ibn Battuta
navigue sur
un petit voilier,
un boutre.

Les routes des explorateurs

➤ Route de Hsuan-tsang
➤ Route de Marco Polo
➤ Principaux voyages d'Ibn Battuta
➤ Principaux voyages de Cheng Ho

Au Moyen Âge, voyager est périlleux. Toutefois, quelques courageux se lancent dans la découverte du monde et explorent l'Afrique, l'Inde et la Chine, contrées qui n'avaient été jusque-là atteintes que par les marchands.

Le rêve d'Ibn Battuta

Ibn Battuta est un riche musulman de Fès (Maroc), en Afrique du Nord. À l'âge de 21 ans, alors qu'il va en pèlerinage à La Mecque, en Arabie, il rêve qu'un gigantesque oiseau le prend sur son dos pour parcourir le monde musulman et au-delà. Il voue alors sa vie à l'exploration.

Ibn Battuta
fait un rêve.

Une vie de voyages

Un sultan indien accueille Ibn Battuta.

Les premiers voyages d'Ibn Battuta le transportent en Arabie, dans le sud de la Russie et en Inde. Il vogue ensuite vers la Chine. Au cour de sa deuxième expédition, il explore une partie de l'Afrique. Ibn Battuta va ainsi couvrir plus de 120 000 km en 30 ans de voyages.

LE MONDE

Hsuan-tsang en Occident

Au VIIᵉ siècle, un moine bouddhiste du nom de Hsuan-tsang part pour un périlleux voyage de Changan, en Chine, jusqu'au nord de l'Inde. Pendant 16 ans, il visite les monastères et les temples indiens. Puis il revient en Chine riche de centaines de manuscrits et de statues.

Hsuan-tsang

Marco Polo et l'Orient

Marco Polo quitte Venise pour la Chine à l'âge de 17 ans. Il voyage sur terre pendant 3 ans et demi avec son père et son oncle. À Beijing (Pékin), les Polo sont accueillis par Kublai Khan, l'empereur des Mongols (voir page 71). Marco Polo restera 17 ans en Chine avant de revenir à Venise. Il en rapportera de nombreuses histoires et légendes.

Marco Polo a raconté l'histoire d'un monstre humain doté d'un seul pied.

Les voyages de Cheng Ho

Cheng Ho est un explorateur chinois qui se rend à sept reprises en Indonésie, en Arabie et en Afrique. Plus de 300 jonques (bateaux chinois) l'accompagnent dans ses périples. Il en rapporte d'étonnants trésors, tels de l'or, de l'ivoire et des animaux sauvages.

L'empereur chinois attend Cheng Ho pour l'accueillir.

Cheng Ho revient en Chine après s'être rendu en Afrique.

Des marchands, des prêtres, des interprètes, tous ont fait partie du voyage.

Cheng Ho

Dates importantes

v. 628-645 Voyages de Hsuan-tsang
1271-1295 Voyages de Marco Polo
v. 1325-1355 Voyages d'Ibn Battuta
1405-1433 Voyages de Cheng Ho

LE MONDE

1100   1200   1300   1400   1500

75

Les peuples du Pacifique

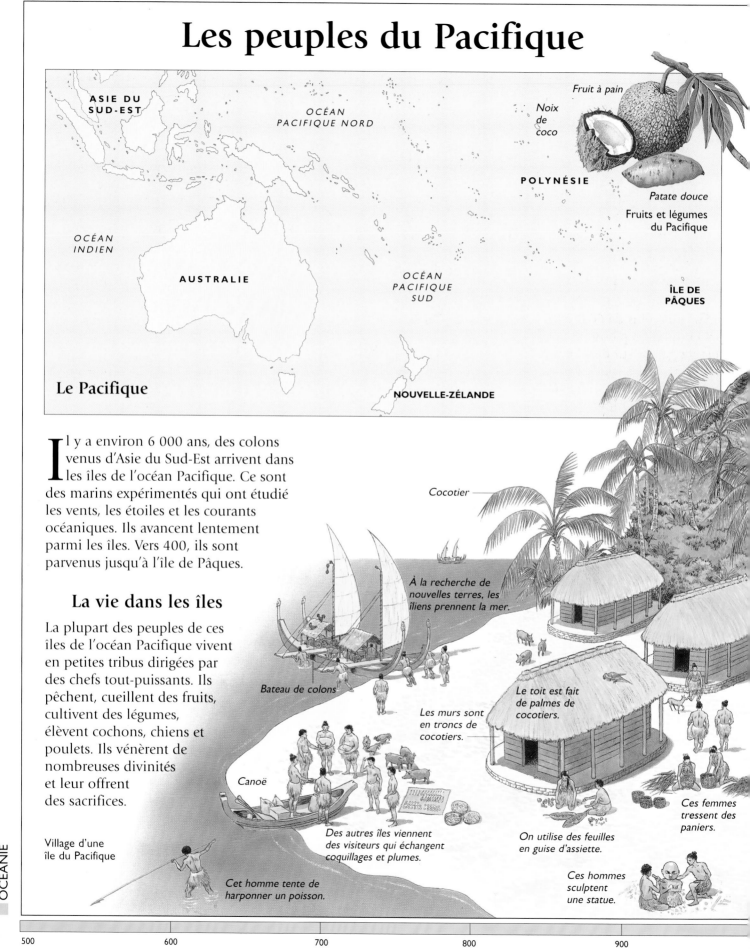

ASIE DU
SUD-EST

OCÉAN
PACIFIQUE NORD

Fruit à pain

Noix
de
coco

POLYNÉSIE

Patate douce

OCÉAN
INDIEN

AUSTRALIE

OCÉAN
PACIFIQUE
SUD

Fruits et légumes
du Pacifique

ÎLE DE
PÂQUES

Le Pacifique

NOUVELLE-ZÉLANDE

Il y a environ 6 000 ans, des colons venus d'Asie du Sud-Est arrivent dans les îles de l'océan Pacifique. Ce sont des marins expérimentés qui ont étudié les vents, les étoiles et les courants océaniques. Ils avancent lentement parmi les îles. Vers 400, ils sont parvenus jusqu'à l'île de Pâques.

La vie dans les îles

La plupart des peuples de ces îles de l'océan Pacifique vivent en petites tribus dirigées par des chefs tout-puissants. Ils pêchent, cueillent des fruits, cultivent des légumes, élèvent cochons, chiens et poulets. Ils vénèrent de nombreuses divinités et leur offrent des sacrifices.

Village d'une
île du Pacifique

Cocotier

À la recherche de
nouvelles terres, les
îliens prennent la mer.

Bateau de colons

Le toit est fait
de palmes de
cocotiers.

Les murs sont
en troncs de
cocotiers.

Canoë

Ces femmes
tressent des
paniers.

Des autres îles viennent
des visiteurs qui échangent
coquillages et plumes.

On utilise des feuilles
en guise d'assiette.

Cet homme tente de
harponner un poisson.

Ces hommes
sculptent
une statue.

500   600   700   800   900

Les têtes de géants

Têtes sculptées de l'île de Pâques

Les habitants de l'île de Pâques ont sculpté plus de 600 têtes géantes dans la pierre. Ils les ont ensuite posées sur des blocs et disséminées sur toute la côte.

On pense que ces statues, dont certaines mesurent plus de 12 m, représentent des chefs puissants.

Les Maoris

Vers 750, la tribu des Maoris quitte les îles de la Polynésie pour la Nouvelle-Zélande. À l'origine, elle vit de cueillette de fruits, de pêche et de chasse aux gros oiseaux. Plus tard, les Maoris font pousser des légumes. Arrivé en 1500, ils étaient devenus des guerriers.

★
Chef maori ★

Esprits et tabous

Les Maoris prient les esprits de leurs ancêtres morts. Ils croient aussi que certains peuples et certains lieux sont sacrés. Ils les appellent tapu, ou « tabou ».

★

Amulette porte-bonheur qui représente un ancêtre maori.

Les premiers Australiens

Les Aborigènes atteignent le nord de l'Australie il y a environ 40 000 ans. Aujourd'hui, le passage qu'ils ont emprunté est recouvert par les eaux, mais, à l'époque, ils marchent depuis l'Asie du Sud-Est et finissent par peupler toute l'Australie. Ils vivent de cueillette et de chasse. Les chasseurs utilisent un boomerang, une sorte de bâton recourbé qu'ils lancent pour assommer le gibier.

Chasseurs aborigènes

Boomerang

Les esprits des rêves

Les Aborigènes croient qu'ils ont été créés par des esprits qui vivent dans les rêves. Certains de ces esprits sont humains, d'autres sont des animaux ou des plantes.

Peinture qui représente le Serpent arc-en-ciel, qui a donné naissance au peuple des Aborigènes.

Bananier

Cet homme plante des patates douces.

Tour érigée pour vénérer un dieu.

Les habitants apportent des offrandes aux divinités.

Dates importantes

v. 400   Des colons atteignent l'île de Pâques.

v. 750   Les Maoris débarquent en Nouvelle-Zélande.

v. 1000-1600   Têtes géantes érigées sur l'île de Pâques

OCÉANIE

Les Indiens d'Amérique du Nord

Inuits

En Amérique du Nord, plusieurs peuples coexistent de manière traditionnelle. Dans le Nord, souvent gelé, les Inuits chassent le phoque et vivent dans des igloos. Les tribus qui habitent les forêts chassent le cerf et cueillent noix et baies. Les tribus du Nord-Ouest se nourrissent de poisson. Les Indiens des plaines cultivent le maïs et chassent le bison. Il y a aussi des tribus qui peuplent le Sud-Ouest désertique et celles des bords du Mississippi.

Habitants des forêts

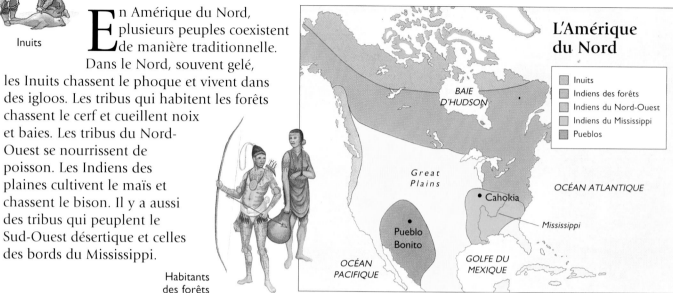

L'Amérique du Nord

- Inuits
- Indiens des forêts
- Indiens du Nord-Ouest
- Indiens du Mississippi
- Pueblos

BAIE D'HUDSON

Great Plains

Cahokia

OCÉAN ATLANTIQUE

Mississippi

Pueblo Bonito

OCÉAN PACIFIQUE

GOLFE DU MEXIQUE

Les villes du Mississippi

Vers 700, les fermiers de la vallée du Mississippi bâtissent des villes. Au centre de celles-ci, ils élèvent plusieurs tumulus dont ils aplanissent le sommet. La plus grande des villes, Cahokia, en possède plus d'une centaine. On y enterre les chefs avec des poteries, des sculptures et des bijoux.

Ville de la vallée du Mississippi. L'une des maisons a été découpée pour mieux voir l'intérieur. ★

Temple

Maison du chef

Prêtres

Place centrale

Butte en terre

Grenier surélevé

Chasseurs

Le chef est porté par ses serviteurs.

Maison du potier

Gourdes en argile ★ fabriquées par les potiers du Mississippi

AMÉRIQUE

Les Pueblos

Vers 750, des tribus du désert du Sud-Ouest commencent à bâtir des villages constitués de maisons à étages. On les appelle des villages pueblos et leurs habitants les Pueblos.

Voici un village pueblo. L'une des maisons est découpée pour mieux voir ★ l'intérieur.

Les fermiers cultivent maïs, haricots et coton.

On fait cuire les poteries d'argile dans des fours.

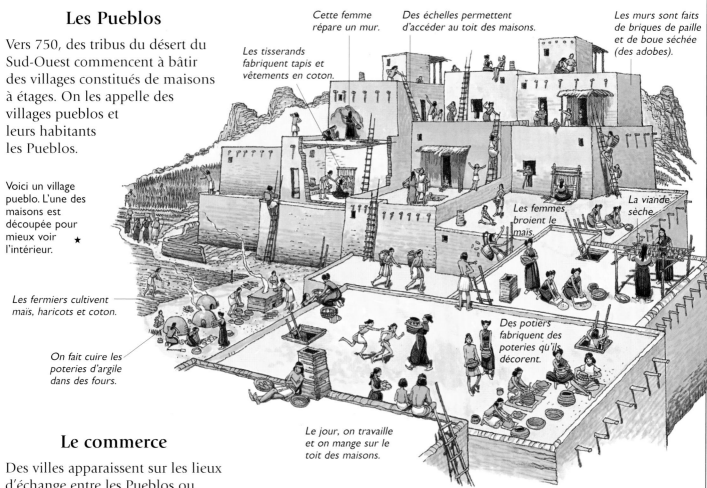

Cette femme répare un mur.

Les tisserands fabriquent tapis et vêtements en coton.

Des échelles permettent d'accéder au toit des maisons.

Les murs sont faits de briques de paille et de boue séchée (des adobes).

La viande sèche.

Les femmes broient le maïs.

Des potiers fabriquent des poteries qu'ils décorent.

Le jour, on travaille et on mange sur le toit des maisons.

Le commerce

Des villes apparaissent sur les lieux d'échange entre les Pueblos ou entre les Pueblos et d'autres tribus.

Kiva (salle à demi enterrée)

Pueblo Bonito ★

La ville de Pueblo Bonito est encastrée dans une vallée profonde. On y accède grâce à un vaste réseau de routes. Environ 1 200 personnes logent dans 800 pièces. Au centre de la ville se trouvent plusieurs salles à demi enterrées, ou kivas. Ce sont des sanctuaires dans lesquels les Pueblos tiennent des réunions ou des cérémonies religieuses.

L'art des Pueblos

Ils taillent les pierres polies pour en faire des ornements, tissent des vêtements dans du coton teint de couleurs vives et façonnent des poteries aux motifs originaux.

Figurine peinte sur une poterie pueblo ★

Pot pueblo

Les poteries

Ils placent dans les tombeaux de leurs chefs des poteries qu'ils percent d'un trou afin que les esprits qu'ils ont peints s'échappent.

Poterie funéraire

Dates importantes

v. 700 Début de l'édification de villes par les tribus du Mississippi

v. 750 Début de l'édification de villages par les Pueblos

v. 1300 Les Pueblos abandonnent villes et villages.

v. 1500 Les tribus du Mississippi abandonnent leurs villes.

AMÉRIQUE

| 1100 | 1200 | 1300 | 1400 | 1500 |

L'Empire aztèque

★
Couteau de prêtre

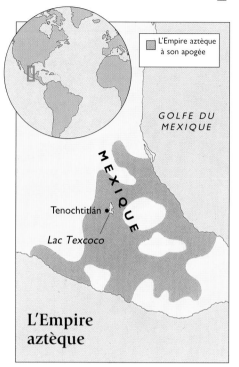

GOLFE DU MEXIQUE

MEXIQUE

Tenochtitlán

Lac Texcoco

L'Empire aztèque à son apogée

L'Empire aztèque

Une partie de la cité de Tenochtitlán

Les Aztèques forment un peuple de guerriers nomades qui arrivent dans le centre du Mexique vers 1300. Ils s'installent sur une île du lac Texcoco, où ils bâtissent le village de Tenochtitlán. Au cours des deux prochains siècles, le village se transforme en une ville florissante dont les Aztèques font le centre de leur empire.

La cité sur le lac

Tenochtitlán se développe sur d'autres îles situées au bord du lac Texcoco. Au centre de la cité, un magnifique emplacement carré abrite des temples où les prêtres tiennent leurs cérémonies.

Sacrifiés au dieu

Les Aztèques croient que le dieu du Soleil, Huitzilopochtli, mourra s'ils ne lui conservent pas sa force. Pour cela, ils doivent le nourrir de cœurs humains. Les prêtres sont ainsi chargés de découper le cœur des sacrifiés puis de jeter les corps du haut des marches du temple.

Prêtres aztèques se livrant à des sacrifices humains

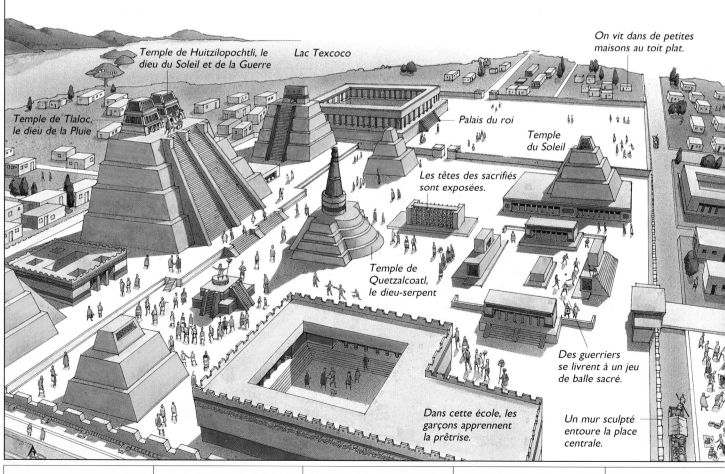

Temple de Huitzilopochtli, le dieu du Soleil et de la Guerre

Lac Texcoco

On vit dans de petites maisons au toit plat.

Temple de Tlaloc, le dieu de la Pluie

Palais du roi

Temple du Soleil

Les têtes des sacrifiés sont exposées.

Temple de Quetzalcoatl, le dieu-serpent

Des guerriers se livrent à un jeu de balle sacré.

Dans cette école, les garçons apprennent la prêtrise.

Un mur sculpté entoure la place centrale.

AMÉRIQUE

| 500 | 600 | 700 | 800 | 900 |

Le calendrier aztèque

Comme il est important de savoir quand doivent avoir lieu les festivals, les Aztèques divisent les 365 jours de l'année en 18 mois de 20 jours chacun. Les 5 jours restants sont supposés porter malchance.

Les divisions externes de ce calendrier de pierre indiquent les jours de l'année.

La fin de l'empire

En 1519, le soldat espagnol Hernán Cortés arrive au Mexique. Il est déterminé à conquérir l'Empire aztèque. Les Aztèques sont terrifiés par les fusils et les chevaux des Espagnols. Pour certains, le dieu-serpent Quetzalcoatl est revenu sur la Terre.

Masque représentant Quetzalcoatl

Au début, Cortés n'attaque pas les Aztèques, mais, en 1521, il envahit Tenochtitlán et soumet ses habitants. Après leur défaite, de nombreux Aztèques meurent de maladies apportées par les Européens. Leur civilisation finit par s'éteindre.

La défaite des Aztèques

Les guerres

Les Aztèques se querellent sans cesse avec d'autres tribus voisines. Quand leur armée l'emporte, les vaincus doivent les nourrir et leur apporter des trésors de guerre. Nombreux aussi sont les prisonniers sacrifiés à leurs divinités.

Chevalier de l'Aigle aztèque ★

Des champs flottants

Les fermiers aztèques remplissent de terre d'énormes paniers, qu'ils laissent flotter sur les lacs. Ils y cultivent maïs, haricots et piments.

Divinité aztèque qui protège un plant de maïs.

Oiseau qui attaque le maïs.   *Plant de maïs*   *Dieu de la Végétation printannière*

Les troupes espagnoles sont à cheval.

Des soldats espagnols tirent sur les Aztèques.

L'artisanat

De nombreux Aztèques sont potiers, tisserands ou charpentiers. Les sculpteurs taillent d'immenses statues et les artisans fabriquent de magnifiques objets en or et en plumes.

Pendentif en or

Canoë

Des ponts relient les parcelles de terre entre elles.

Une voie surélevée mène de la cité à la terre ferme.

Les marchands vendent leurs denrées sur le marché.

Costume de plumes

Guerrier aztèque

Bouclier fait de plumes

★

Dates importantes

v. 1300	Arrivée des Aztèques dans la vallée de Mexico
v. 1325	Les Aztèques se mettent à bâtir Tenochtitlán.
1420	Début de la conquête des tribus voisines par les Aztèques dans les années 20
v. 1500	Les Aztèques contrôlent la vallée de Mexico.
1521	Cortés soumet les Aztèques.

AMÉRIQUE

1100	1200	1300	1400	1500

Les Mayas et les Toltèques

Les Mayas vivent dans de petits royaumes situés en forêt tropicale humide ou dans les plaines d'Amérique centrale. Ils sont gouvernés par des rois puissants qui sont à la fois prêtre et guerrier.

Roi maya avec un serviteur

Les dieux et les rois

Les Mayas vénèrent beaucoup de divinités auxquelles ils sacrifient des humains. Ils croient que les rois possèdent aussi des pouvoirs divins. Ils sont enterrés sous les temples et leurs sujets viennent les prier comme des dieux.

★

On a trouvé ce masque de jade dans le tombeau d'un roi maya.

L'Amérique centrale

☐ Territoire maya

GOLFE DU MEXIQUE

Tula

Mayapán

Chichén Itzá

YUCATÁN

MEXIQUE

OCÉAN PACIFIQUE

Les cités de pierre

Chaque royaume maya possède une splendide capitale en pierre. Le roi y vit avec ses nobles, ses guerriers et ses prêtres. Les fermiers leur apportent de la nourriture et ne viennent en ville que pour assister à de spectaculaires cérémonies.

Cérémonie dans une cité maya

★

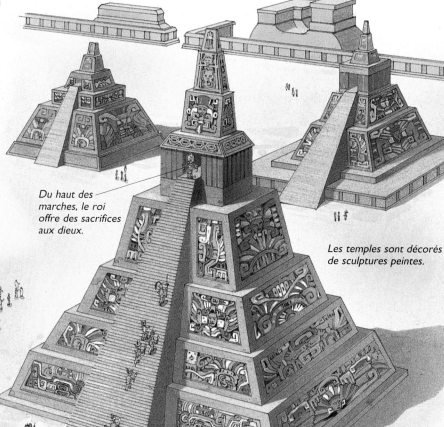

Du haut des marches, le roi offre des sacrifices aux dieux.

Les temples sont décorés de sculptures peintes.

Les fermiers assistent à la cérémonie.

Musiciens

Les Mayas demandent à leurs dieux de leur accorder une bonne récolte.

Les nobles dansent et chantent.

Prêtres et guerriers

Les prisonniers de guerre seront sacrifiés aux divinités.

Un jeu de vie ou de mort

Les jeunes guerriers s'adonnent à un jeu où la balle lancée à toute vitesse symbolise la bataille entre la vie et la mort. À la fin du jeu, il n'est pas rare de mettre à mort certains des joueurs.

Jeu de balle

★

Les joueurs ont le droit de frapper la balle en caoutchouc avec le bras, le genou ou la hanche.

Casque

Ceinture rembourrée

Protège-avant-bras

Protège-genou

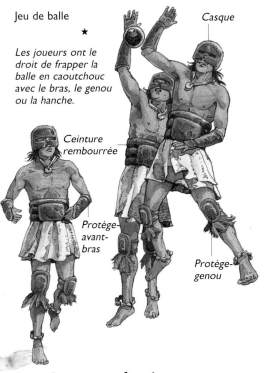

Compter les jours

Des prêtres-astronomes étudient les étoiles et inventent deux sortes de calendrier. L'un, très précis, comprend 365 jours. L'autre, sorte de guide religieux, aide les prêtres à prédire l'avenir. Ils établissent leur calendrier à l'aide de signes qui représentent les mots et les chiffres.

Détail d'un calendrier maya

Le point, le tiret et la ligne arrondie indiquent les dates.

Bloc de pierre à l'effigie d'un guerrier toltèque

L'essor des Toltèques

Vers 850, la plupart des Mayas migrent au nord, dans le Yucatán. Pendant ce temps, au Mexique, la puissance des Toltèques s'accroît. Ils contrôlent le pays à partir de leur capitale, Tula. Ils sont guerriers, artisans ou bien marchands.

La cité de Chichén Itzá

Dans les années 1100, des tribus d'envahisseurs forcent les Toltèques à fuir et à se réfugier dans le Yucatán. Là, de nombreux Toltèques s'établissent dans la cité maya de Chichén Itzá. Le temple des Guerriers de la cité est sans doute l'œuvre commune des Mayas et des Toltèques.

Statue du temple des Guerriers

Ce bol a sans doute contenu des cœurs humains offerts aux divinités.

La fin de Chichén Itzá

Vers 1160, de féroces tribus du Nord envahissent peu à peu Chichén Itzá. Les Toltèques se dispersent tandis que les Mayas migrent vers de nouvelles cités, comme Mayapán. En 1500, il ne reste pourtant plus des royaumes mayas que quelques petites villes.

Dates importantes

v. 600	Apogée des Mayas
v. 850	Les Mayas abandonnent leurs cités du Sud.
v. 900-1000	Prospérité des Toltèques au Mexique
v. 1100	Les Toltèques arrivent à Chichén Itzá.
v. 1160	La cité de Chichén Itzá est envahie. Les Toltèques sont dispersés.
v. 1500	Seules quelques petites villes abritent encore les Mayas.

AMÉRIQUE

1100   1200   1300   1400   1500

Les empires des Andes

La bande de terre qui sépare la cordillère des Andes de l'océan Pacifique abrite à l'époque plusieurs tribus, dont une très puissante : les Chimu. Vers 1100, les Chimu conquièrent d'autres tribus et bâtissent un empire.

Couteau en or à l'effigie d'un noble chimu ★

Les Incas

Les Incas vivent dans un petit royaume montagneux autour de la cité de Cuzco, mais en 1438 leur chef Pachacuti part à la conquête d'autres terres. Les Incas triomphent des Chimu et gagnent de grands territoires dans le Sud, créant un empire qui s'étend sur presque toute la côte Pacifique.

Guerriers incas ★

Massue

Fronde

Bouclier peint

Jambière faite de plumes

Chan Chan

Machu Picchu

Cuzco

Cordillère des Andes

OCÉAN PACIFIQUE

AMÉRIQUE DU SUD

Les empires Inca et Chimu

— Limite de l'Empire chimu
■ L'Empire inca à son apogée

La cité de Chan Chan

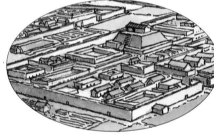

Détail de la cité de Chan Chan

En 1200, le chef chimu et ses nobles contrôlent un vaste empire à partir de la capitale Chan Chan. Des potiers, des tisserands et des orfèvres travaillent dans la cité. Les fermiers leur apportent des vivres de la campagne environnante.

Motif en forme de poisson

Poterie chimu

Peinture chimu représentant un homme avec un serpent

Compter

L'Empire inca est très bien organisé et chacun sait ce qu'il doit faire. Si la nourriture vient à manquer, on distribue les réserves. Si quelqu'un est malade, on le soigne. Pour assurer le bon fonctionnement de l'empire, des fonctionnaires font les comptes sur des cordes, les quipus.

Quipus ★

Les cités de pierre

Sans la roue et sans outils en métal, les Incas réussissent à bâtir de grandioses cités de pierre. On y trouve des temples, des palais, des observatoires et des maisons particulières.

La cité de Machu Picchu est perchée sur la montagne. ★

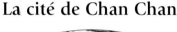

AMÉRIQUE

500   600   700   800   900

Les routes

Un réseau de routes sillonne l'Empire inca. Elles sont utilisées par les fermiers, les marchands, les messagers et les soldats. L'empereur lui-même se déplace pour s'assurer de la loyauté de ses fidèles.

Les fermiers ont construit des terrasses à flanc de montagne pour leurs cultures.

Pont suspendu fait de roseaux

Les marchands vont échanger des denrées au marché.

Des soldats partent en guerre.

Voyage d'un empereur inca à travers son empire

Entrepôt de vivres

On peut passer la nuit dans ces maisons de repos.

Les fermiers cultivent poivrons, piments, maïs et pommes de terre.

L'autre messager relaie le sac jusqu'à une maison de repos.

Un messager passe un sac rempli de cordes à un autre messager.

On porte l'empereur assis sur un trône.

Des lamas transportent de lourdes charges.

Garde impérial

Prêtre

Des jeunes filles chantent et dansent.

Des musiciens jouent pour divertir l'empereur.

Le déclin des Incas

En 1532, des soldats espagnols, les conquistadors, attaquent les Incas. Menés par Francisco Pizarro, ils capturent l'empereur inca et le tuent. C'est un coup fatal pour l'Empire inca, qui s'effondre en quelques années.

Dates importantes

v. 1100	Début de l'Empire chimu
v. 1300	Les Incas s'établissent autour de Cuzco.
1438-1471	Pachacuti est empereur des Incas.
1438-1525	Développement de l'Empire inca
1476	Conquête de l'Empire chimu par les Incas
1532	Des soldats espagnols, les conquistadors, attaquent les Incas.
v. 1540	Déclin de l'Empire inca

AMÉRIQUE

| 1100 | 1200 | 1300 | 1400 | 1500 |

Les artistes italiens

Vers 1350, les artistes et les philosophes du nord de l'Italie trouvent un regain d'intérêt dans les arts, l'architecture et les enseignements de l'Antiquité greco-romaine. Ils mettent en pratique des idées nouvelles, reflets des connaissances de l'époque. Ce mouvement est connu sous le nom de Renaissance.

Les mécènes

Les princes, les papes et les marchands rétribuent les artistes, architectes ou écrivains, et les encouragent à créer des œuvres d'art. Ces riches protecteurs qui aident les artistes financièrement sont appelés des mécènes.

Médaille à l'effigie de Laurent de Médicis, dit le Magnifique, un ★ mécène réputé

Florence et les Médicis

Les Médicis, une famille de banquiers florentins, comptent parmi les mécènes les plus célèbres de le Renaissance. Ils encouragent les artistes et les lettrés à travailler dans leur cité ; de nombreuses idées nouvelles pour l'époque y seront d'ailleurs mises en pratique.

Place centrale, à Florence

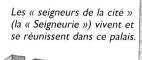

Les « seigneurs de la cité » (la « Seigneurie ») vivent et se réunissent dans ce palais.

Nobles

Prêtres

Ces hommes (les « seigneurs ») dirigent la ville. Ils sont élus tous les deux mois.

Enfants de la famille Médicis

Mendiant

Riche marchand d'étoffes

Laurent de Médicis mène une procession par la ville pour accueillir des visiteurs de Rom

500   600   700   800   900

Les architectes

Les architectes conçoivent des bâtiments portés par des piliers, des voûtes et des dômes. Ce style d'architecture créé à l'origine par les Grecs et les Romains est dit classique.

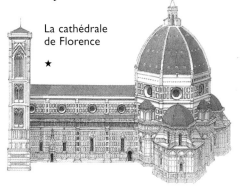

La cathédrale de Florence

★

L'un des premiers exemples de ce nouveau style classique est le dôme de la cathédrale de Florence dessiné par l'architecte Filippo Brunelleschi.

Cette galerie couverte est appelée loggia. Elle sert aux réunions.

Lettrés en train de discuter de nouvelles idées.

Un architecte montre des plans à son mécène.

Hommes de loi

Un artiste esquisse un bâtiment.

Les peintres

La Primavera peint par Sandro Filipepi, dit Botticelli, représente l'arrivée du printemps.

Inspirés par les arts grec et romain, les peintres veulent que leurs peintures ressemblent autant que possible au réel. Ils découvrent que, de loin, les objets paraissent plus petits que de près : ils se servent de cet effet, appelé perspective, pour donner de la profondeur à leurs œuvres.

Avant la Renaissance, en Europe, on peignait surtout des sujets religieux. Arrivé en 1400, les artistes italiens osent davantage. Ils s'inspirent toujours de l'histoire religieuse mais peignent aussi des portraits, des paysages, des événements récents et des scènes tirées des mythologies grecque et romaine.

Les sculpteurs

Les sculpteurs copient les statues grecque et romaine. Ils se servent de modèles, des personnes vivantes qui posent pour eux, et étudient même les cadavres pour comprendre comment les os et les muscles fonctionnent. Les statues de la Renaissance acquièrent force et grâce. On les croirait vivantes.

Représentation de David, par le sculpteur Michelangelo Buonarroti dit Michel-Ange

★

EUROPE

| 1100 | 1200 | 1300 | 1400 | 1500 |

Idées et inventions

Dans les années 1400, beaucoup étudient les œuvres des anciens Grecs et Romains. On prend conscience de tout ce que l'homme peut accomplir : c'est le début d'une nouvelle foi dans les capacités humaines. Artistes, écrivains et savants mettent leurs idées en pratique. Ce mouvement, appelé humanisme, se répand dans toute l'Europe.

Les savants et les inventeurs

La Renaissance voit s'éveiller l'intérêt pour le monde. On se pose des questions que l'on tente de résoudre par des expériences scientifiques. On étudie les plantes, les animaux et l'homme. Les inventeurs travaillent sur des idées nouvelles et mettent au point toutes sortes de machines, horloges, armes, télescopes, pompes à eau, etc.

Machine volante dessinée par Léonard de Vinci

Cadre en bois de bouleau

En réalité, cette machine est trop lourde pour décoller.

Ailes en soie lourde

Des cordes servent à diriger l'engin.

Ces pédales actionnent les ailes, qui montent ou descendent.

L'éducation

Avant la Renaissance, seuls les prêtres étaient instruits. Les années 1400 connaissent une petite révolution, car les garçons des familles aisées vont à l'école tandis que les filles sont éduquées à domicile par des tuteurs. Les élèves étudient les écrits des Anciens, la musique, l'art et les langues étrangères.

Garçons à l'école

Léonard de Vinci

Léonard de Vinci est l'exemple parfait de l'homme instruit de la Renaissance. Artiste, inventeur, architecte et musicien, il produit de nombreux dessins détaillés d'animaux et de gens, et conçoit d'étonnantes machines.

Léonard de Vinci

Dessins du corps humain par Léonard de Vinci

Léonard de Vinci dissèque le corps humain afin de le dessiner et de l'étudier.

Les alchimistes

Dans l'Europe de la Renaissance, il y a beaucoup d'alchimistes. Ils tentent de découvrir comment transformer du métal ordinaire en or, ou même comment créer une potion magique qui rendrait l'homme immortel. Ils apprennent à fabriquer des substances chimiques et inventent de nombreux instruments scientifiques.

Laboratoire d'un alchimiste

Fioles remplies d'un liquide en ébullition

Cet homme se sert d'une balance pour peser de la poudre.

L'alchimiste suit les instructions de son manuscrit.

Le sablier sert à minuter les expériences.

Ce jeune garçon broie de la poudre avec un pilon et un mortier.

L'imprimerie

Dans les années 1450, l'Allemand Johannes Gensfleisch dit Gutenberg invente la presse à imprimer, une machine qui permet d'imprimer une page à la fois. Jusqu'à présent en Europe, tous les livres étaient copiés à la main.

Presse en bois

Papier

Lettres en métal disposées sur un bloc et enduites d'encre ★

Presse à imprimer ★

Écrivains et penseurs

Les poètes se mettent à décrire les sentiments humains. Les penseurs discutent sur la façon de gouverner un pays. Niccolo Machiavelli dit Machiavel écrit *Le prince*, un ouvrage selon lequel un dirigeant doit toujours agir au mieux pour l'intérêt du royaume, même si cela signifie être cruel et sans pitié.

Niccolo Machiavelli

Page tirée d'un des premiers livres imprimés

Bientôt, on trouve des presses à imprimer dans toute l'Europe. Les livres sont ainsi vite fabriqués et à bon marché. Cela permet aux penseurs et savants de la Renaissance de diffuser leur nouveau savoir.

Dates importantes

v. 1350	Début de la Renaissance en Italie
1449-1492	Vie de Laurent de Médicis
1452-1519	Vie de Léonard de Vinci
1455	Gutenberg produit le premier livre imprimé, une copie de la Bible.
1469-1527	Vie de Machiavel

EUROPE

| 1100 | 1200 | 1300 | 1400 | 1500 |

Les voyages d'exploration

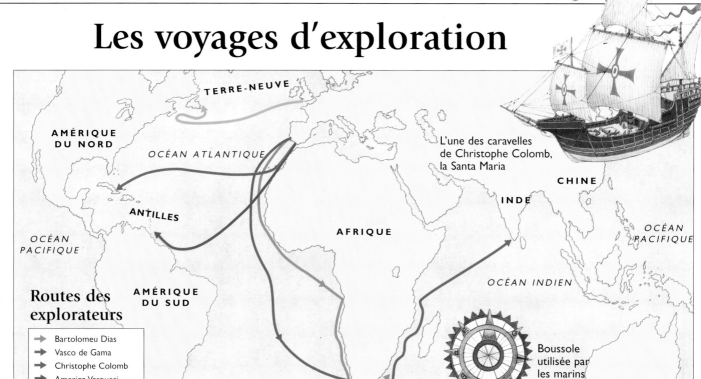

L'une des caravelles de Christophe Colomb, la Santa Maria

Routes des explorateurs

→ Bartolomeu Dias
→ Vasco de Gama
→ Christophe Colomb
→ Amerigo Vespucci
→ John Cabot

Boussole utilisée par les marins de l'époque

De vastes étendues du monde sont encore inconnues de l'Europe moyenâgeuse. Des explorateurs et des marchands ont atteint l'Afrique du Nord, l'Inde et la Chine, mais personne ne se doute de l'existence de l'Amérique.

Cette carte de 1489 montre comment les gens de l'époque se représentent le monde.

La route vers l'est

Dans les années 1450 les marchands européens veulent découvrir une route maritime à l'est. En effet, la demande en soieries et en épices en provenance d'Inde et de Chine est grande, mais les distances terrestres sont longues et semées d'embûches.

Henri le Navigateur

Le prince Henri du Portugal, dit Henri le Navigateur, est convaincu que des navires peuvent atteindre l'Inde en contournant l'Afrique.

Henri le Navigateur

Il persuade des explorateurs portugais de naviguer au sud, alors qu'on imagine que les mers du Sud sont en ébullition constante et remplies de monstres. Il finance une vingtaine d'expéditions le long de la côte d'Afrique de l'Ouest.

Un monstre marin vu par un artiste du début du Moyen Âge

★

Contourner l'Afrique

En 1487, une tempête pousse le navire de l'explorateur portugais Bartolomeu Dias autour de la pointe sud de l'Afrique.

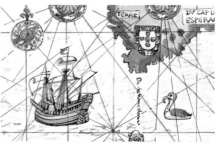

Détail d'une carte qui illustre un navire passant la pointe sud de l'Afrique.

Le cap de Bonne-Espérance est découvert ! D'autres navires vont contourner ainsi l'Afrique, dont Vasco de Gama qui, en 1498, atteint l'Inde.

500   600   700   900

Christophe Colomb

Au Moyen Âge, il est courant de penser que la Terre est plate. Quelques-uns croient qu'elle est ronde. C'est le cas d'un capitaine italien, Christophe Colomb, qui est sûr d'atteindre la Chine par l'ouest et de faire ainsi le tour du monde. Il convainc le roi et la reine d'Espagne de financer son voyage.

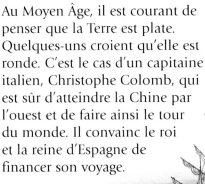

Les caravelles de Colomb mouillent au port.

La Santa Maria

La Niña

La Pinta

Colomb quitte l'Espagne.

★

Les marins vérifient la réserve alimentaire prévue pour le voyage.

Colomb

Le roi Ferdinand d'Espagne

La reine Isabelle

Courtisans

Colomb trouve une terre

Au bout de cinq semaines de voyage, Colomb arrive aux Antilles (un groupe d'îles proches de l'Amérique centrale). Il pense avoir atteint l'Est, mais réalise bien vite qu'il a découvert un nouveau territoire. C'est la joie. Ce pays est appelé Nouveau Monde.

Débarquement de Colomb aux Antilles

Amerigo Vespucci

En 1499, un autre Italien, Amerigo Vespucci, atteint le continent américain et longe la côte de l'Amérique du Sud jusqu'à l'Amazone. En 1507, l'Amérique est désignée d'après son prénom.

Amerigo Vespucci

John Cabot

En 1497, une expédition menée par le capitaine italien Giovanni Caboto, au service de l'Angleterre sous le nom de John Cabot, part d'Angleterre et traverse l'océan Atlantique dans le but d'atteindre l'Inde. À la place, il arrive à Terre-Neuve, au large des côtes de l'Amérique du Nord.

Bannière espagnole

Des Indiens offrent des cadeaux aux marins.

Colomb

Les marins sont armés.

Certains plantent une croix.

Dates importantes

v.1420-1460 Henri le Navigateur encourage les expéditions portugaises.

1487 Bartolomeu Dias contourne l'Afrique.

1492 Christophe Colomb découvre les Antilles.

1497 John Cabot débarque à Terre-Neuve.

1498 Vasco de Gama fait route vers l'Inde.

1499 Amerigo Vespucci longe l'Amérique du Sud.

LE MONDE

1100 1200 1300 1400 1500

Tableau chronologique

Ce tableau indique les événements survenus à la même époque dans le monde médiéval.

DATE	AMÉRIQUE	EUROPE	AFRIQUE
Avant 500		v. 450 L'Angleterre est contrôlée par les Angles, les Saxons et les Jutes.	429 Les Vandales envahissent l'Afrique du Nord.
500	v. 600 Apogée de la civilisation maya. Masque maya	481-511 Clovis fonde le royaume des Francs. 507 Invasion de l'Espagne par les Wisigoths. 527-565 L'Empire byzantin est dirigé par Justinien Ier. Pièce de monnaie à l'effigie de Justinien	533 Les Byzantins conquièrent l'Afrique du Nord. 697 Les Arabes conquièrent l'Afrique du Nord.
700	v. 700 Les Indiens du Mississippi bâtissent des villes. v. 850 Les Mayas abandonnent un grand nombre de villes.	711 Les Maures envahissent l'Espagne. v. 790 Début des incursions vikings en Europe. 800-814 Charlemagne est à la tête d'un empire. v. 862 Riourik fonde un royaume en Russie.	v. 700 Apogée du royaume du Ghana.
900	v. 900 Les Pueblos construisent des villes. v. 900-1200 Apogée des Toltèques. v. 1000 Leif Ericson atteint l'Amérique du Nord.	962-973 Otton Ier est le premier Saint Empereur romain. 1037-1492 Les chrétiens reprennent l'Espagne aux Maures. 1054 L'Église d'Orient et l'Église d'Occident se séparent. 1066 Les Normands conquièrent l'Angleterre. Couronne d'Otton Ier	969-1171 Les Fatimides contrôlent l'Égypte. v. 1000 Fondation des royaumes du Bénin et d'Ifé.
1100	v. 1100 Début de l'Empire chimu.	v. 1100 Fin des incursions vikings. 1215 Le roi d'Angleterre Jean sans Terre signe la Magna Carta. Le roi Jean sans Terre v. 1250-1480 Le sud de la Russie est aux mains des Mongols.	v. 1200 Fondation de l'empire du Mali. 1250-1517 Les mamelouks dirigent l'Égypte.
1300	v. 1300 Abandon des villes par les Pueblos. v. 1345 Début de l'Empire aztèque. Guerrier aztèque 1438 Début de l'Empire inca.	v. 1300 La cité de Moscou prospère. 1337-1453 Guerre de Cent Ans entre Français et Anglais. 1347-1353 La Mort noire, ou peste, se répand en Europe. v. 1350 Début de la Renaissance en Italie. 1378-1417 Des papes rivaux gouvernent en Avignon et à Rome. La cathédrale de Florence	v. 1350 Apogée de la cité du Grand Zimbabwe.
1450	1492 Christophe Colomb découvre les Antilles.	1453 Les Turcs ottomans s'emparent de Constantinople, et l'Empire byzantin s'effondre.	v. 1450 Début du commerce des Portugais en Afrique de l'Ouest.

92

ASIE			OCÉANIE
MOYEN-ORIENT	ASIE DU SUD	EXTRÊME-ORIENT	v. 400 Des colons atteignent l'île de Pâques.

v. 570-632 Vie du prophète Mahomet.

632 Les califes arabes fondent l'empire islamique.

Bateau d'un empereur Sui

581 Début de la dynastie Sui en Chine.

618 Début de la dynastie Tang en Chine.

750 Les califes abbassides dirigent l'empire islamique de Bagdad.

711 Les Arabes envahissent le nord de l'Inde.

886 Fondation du royaume de Chola dans le sud de l'Inde.

802 Fondation du royaume khmer au Cambodge.

858 Les Fujiwara contrôlent le Japon.

868 Fabrication du premier livre imprimé en Chine.

v. 750 Les Maoris abordent la Nouvelle-Zélande.

Amulette porte-bonheur maori

1055 Les Turcs seldjoukides s'emparent de Bagdad et contrôlent l'empire islamique.
1071 Les Turcs seldjoukides vainquent les Byzantins à la bataille de Mantzikert.
1096 Début des croisades.
1099 Les croisés s'emparent d'une partie de la Palestine.

960 Début de la dynastie Sung en Chine.

Peinture par un artiste Sung

v. 1000 Les habitants de l'île de Pâques érigent des têtes géantes dans la pierre.

1258 Les Mongols s'emparent de Bagdad.

1290 Osman Ier fonde l'Empire ottoman.

Osman Ier

1291 Fin des croisades.

1206 Les sultans de Delhi contrôlent le nord de l'Inde.

1192 Les shogouns contrôlent le Japon.

v. 1230 Fondation du royaume de Sukhothai en Thaïlande.

Statue (royaume de Sukhothai)

1206-1226 Gengis Khan fonde l'Empire mongol.

1279-1368 Les Mongols contrôlent le Chine.

1360-1405 Tamerlan fonde un nouvel Empire mongol.

Tamerlan

1336 Fondation du royaume de Vijayanagar dans le sud de l'Inde.

1398 Tamerlan envahit le nord de l'Inde.

1368 Début de la dynastie Ming en Chine.

Glossaire

Ce glossaire explique quelques-uns des mots importants de ce livre.

archevêque Important prêtre chrétien responsable d'un archevêché, une région placée sous sa juridiction.

Barbare Membre d'une des tribus guerrières de territoires situés hors de l'Empire romain.

Broche (art barbare)

calife Chef arabe.

chevalier Homme entraîné à se battre à cheval pour son seigneur.

croisade Guerre menée pour des raisons religieuses.

duché Territoire administré par un puissant noble, le duc.

dynastie Succession de souverains issus d'une même famille.

empire Ensemble de territoires dirigés par une même personne très puissante.

évêque Important prêtre chrétien, situé hiérarchiquement au-dessous de l'archevêque.

forteresse Ensemble de bâtiments entourés par un mur défensif.

guilde Organisation regroupant des

Écusson de la guilde des forgerons

artisans ou des marchands, dont les membres doivent suivre des règles strictes.

hérault Personne chargée de porter les messages et d'annoncer les déclarations.

hérétique Chrétien dont les idées sont différentes des enseignements de l'Église.

Icône russe représentant l'archange Michel

icône Image religieuse, en général peinte sur un panneau de bois.

islam Religion qui se fonde sur les enseignements du prophète Mahomet.

khan Chef mongol.

lettré Personne qui étudie, enseigne et écrit des livres.

manuscrit Livre ou document écrit à la main.

mécène Riche qui finance les artistes, architectes ou écrivains pour qu'ils produisent une œuvre d'art.

mosaïque Image composée de nombreux petits fragments de pierre ou de verre.

mosquée Lieu de prière pour les musulmans.

musulman Fidèle de la religion de l'islam.

observatoire Bâtiment où on peut étudier le ciel et les étoiles.

païen Celui qui croit en plusieurs divinités, non chrétien.

pèlerinage Voyage en terre sainte (par exemple, vers la Terre sainte ou Palestine).

peste Maladie contagieuse et habituellement mortelle.

pilori Lourd poteau en bois percé de deux trous utilisé pour enfermer les mains des délinquants et les exposer sur la place publique.

porte-bannière Au Moyen Âge, soldat qui porte la bannière de son seigneur.

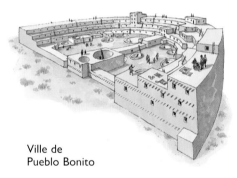

Ville de Pueblo Bonito

pueblo Village (ou ville) bâti par les Pueblos, des Indiens du sud-ouest de l'Amérique du Nord.

schisme Rupture de l'union dans l'Église chrétienne (exemple : le Grand Schisme entre l'Église orientale et l'Église occidentale, en 1054).

sultan Chef musulman (par exemple, de l'Empire ottoman).

tsar Empereur russe.

yourte Tente circulaire fabriquée en peaux d'animaux et utilisée en Asie centrale.

Index

Tu trouveras des informations plus complètes dans les pages indiquées en **gras**.

Crédit photographique : Art ancien et architecture/ Ronald Sheridan, 5, 9, 22 ; Bridgeman Art Library, 51, 87 ; e.t. archive, 7 ; Clive Gifford, 77 ; © Michael Holford, 61 ; National Gallery, Londres, 41, 48 ; Robert Harding Picture Library/Sybil Sassoon, 83.
Crédit photographique pour la couverture : © Darama/Corbis.